みわたす・つなげる

人文地理学

上杉和央・香川雄一・近藤章夫編

古今書院

はじめに

　本書は，中学校（社会）や高等学校（地理歴史）の教職課程に不可欠な自然地理学・人文地理学・地誌学の授業に則した教科書としてつくった「みわたす・つなげる地理学」シリーズの一書である。おもな対象は，教員志望の大学生や，一般教養として地理学を学びたい大学生で，中学校や高等学校で学ぶ地理と大学の地理学との橋渡しを企図している。もちろん，地理，日本史，世界史，また公民を指導する高校教員や，大学の地理学に興味のある高校生に手に取ってもらうこと，また大人の「学び直し」に利用してもらうことも大歓迎である。

　地理に関する高校教員の免許は「地理歴史」であり，歴史と地理が１つにまとまっている。また，中学校（社会）の免許は歴史と地理が１つになった科目内容ということもあり，やはり歴史と地理が深く関わる。このように，いずれも時間軸を扱う歴史と空間軸を扱う地理とが１つの教員免許として設定されているわけだが，時間と空間の２つの視点を自分のものとすることではじめてこの世界が分かるようになることを思えば，両者が１つになっているのは当然のことのようにも思われる。むしろ，教職を目指す学生に限らず，社会に出ていくあらゆる学生に身につけてほしい視点だと思っている。その意味で，2022 年以降，「歴史総合」と並び，「地理総合」が高等学校での必履修科目として設定されることは意義深い。2023 年に始まる「地理探究」とともに，地理の果たす役割はますます高くなるだろう。

　ただ，歴史と地理を等しく学ぶことの大切さは分かってはいても，高等学校（地理歴史）もしくは中学校（社会）の教員免許の取得を志す学生の皆さんのなかには「歴史は好きだけど，地理はあまり……」といった人もいると思う。また，教養として地理学の授業を選択してくれる学生の皆さんのなかにも「地理は苦手だった」という人がいるだろう。私たちが大学で出会ってきた学生のなかにも，少なからずいた。そうした学生に，どうしたら地理や地理学の面白さや重要さを伝えることができるだろうか。このシリーズ制作の根底には，高等学校までに学んできた地理と大学の地理学を橋渡ししながら，地理学の魅力を伝えたいという私たちの思いがある。

　しかも，地理学は文系と理系の枠を越えた幅広い視野で世界を「みわたし」，またそうした

視点を「つなげて」世界を考えていく特徴を持っている。専門としての地理学を追究する学生はもちろんのこと，一般の学生にとっても，地理学で磨かれる「みわたす力」や「つなげる力」は，きっと役に立つものとなるに違いない。それは，学校教育を通じて育成が求められる公民的資質，すなわち広い視野から，グローバル化する国際社会で，平和で豊かな社会の形成に主体

的に貢献することに必要な公民としての資質・能力にも通ずるものである。

　「みわたす・つなげる地理学」シリーズの特徴の1つに，自然地理学・人文地理学・地誌学の各テキストが，それぞれ参照しあえるようになっていることがある。教職課程のカリキュラムでは3つが異なる授業として提示されている。もちろん，それぞれ独自の項目も多いが，それと同時に複数の分野にまたがる話題も多い。幅広い視点をつなげることが地理学の面白さの1つだと先に記したが，まさにそうしたつながりを教科書のなかでも示すように工夫した。

　本書は大学の授業回数にあわせて15章構成にしている。人文地理学の基礎的事項をいくつかのまとまりでとらえて配置し，各章を順番に系統的に学んでいくことで効率的に学習できるようになっているが，学習の道筋が1つに決まっているわけでは決してない。それぞれの章は独立して読めるようにも工夫してあるので，興味や関心に応じてどの章から読んでもらってもかまわない。その際，欄外に示した他の章やシリーズ内の『みわたす・つなげる自然地理学』『みわたす・つなげる地誌学』（本書内ではそれぞれ『自然地理学』『地誌学』と記載する）の関連する内容のリンクを参照して，積極的に知識をつなげてほしい。また，同じく欄外には，キーワードや理解を深めるための要点を載せている。より関心を深められるように「コラム」も設けているので，参考にしてほしい。

　参考文献は本書の最後にまとめている。学習者の利便性を考えて章ごととし，また地理学の入門書として適切な文献を中心に厳選しているので，ぜひ参考としてほしい。こうした点も含め，本書は人文地理学に触れる導入のテキストとなるよう配慮している。本書や姉妹編となる『自然地理学』『地誌学』を用いた教材を通じて，講義のなかで，もしくは議論を通じて，世界を「みわたす力」と，得られた知識を「つなげる力」を養ってほしい。

編著者一同

※
「教職課程」とは，教職免許状を取得させる大学の課程のこと．

目　次

1 人文地理学とは何か

1. 地理も積もれば山となる

　私たちの身の回りには多くの疑問が横たわっている。そうした中には場所や地域にかかわる「地理」的な疑問もある。例えば，次のような疑問である。

　なぜ，地域によって暮らしが変わるのか？

　なぜ，人口が増加する地域と減少する地域があるのか？

　そもそも地域とは何か？

人文地理学はこうした身の回りに横たわる疑問から出発し，人間社会と場所や地域との関係を探究する学問分野である。人口・産業・経済・交通・集落・都市・社会・文化・政治など人間活動による諸現象から各地域を「みわたし」，得られた知識を「つなげる」なかで，それぞれの場所や地域を総合的に検討することに特徴がある。本章では，地理学や人文地理学の位置づけについて概観したあと，このテキストを通してどのようなテーマから人文地理学を学ぶのかについて示したい。

2. 系統地理学と地誌学

　地理学は英語で Geography と表記される。この語源はギリシャ語の GEO と GRAPHIA に由来し，それぞれ「大地／土地」と「描く」の意味であった。すなわち英語の Geography は大地を表現，もしくは描写することが含意されている。一方，漢字文化圏の場合，地理学とは「地」の「理」を知る，つまり大地や土地にまつわる道理や理由を探る学問ということである。どちらにしても，大地や土地，もう少し広く言うならば空間をめぐる学問であり，空間の中の疑問を探り，そしてその答えを表現していくのが地理学全体に共通する方向性である。

　19世紀に近代地理学としての学問スタイルが確立してくると，対象に応じて分野を区分する動きが現れた。その区分の仕方は時代によって変化してきたが，現代の日本では系統地理学と地誌学に分け，さらに系統地理学を自然地理学と人文地理学に分けるのが一般的である（図 1-1）。また，地理学と密接にかかわって発展してきた隣接分野として地図学がある。

　系統地理学は，特定の視点から空間的な事象をとらえるもので，先に確認したように自然地理学と人文地理学に区分できる。概略的に区分の規準を示すならば，自然地理学は人間の存在有無にかかわらず地球上で起こる現象をおもな対象とする分野，逆に人文地理学は人間がいることで起こる現象をおもな対象とする分野，となるだろう。

　そして自然地理学にも人文地理学にも個別領域がある。人文地理学の場合は人口地理学や経済地理学，都市地理学といったような細分が可能で，それぞれの個別領域が特定の視点から空間を見渡

※
地理学と哲学は「諸学の母」ともいわれ，多くの学問をはぐくんだ．天文学や地質学，人類学や民俗学などは地理学から育っていった．

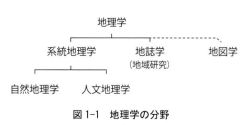

図 1-1　地理学の分野

している。系統地理学の基礎となる知力の1つは，こうした特定の視点からの「みわたす力」である。

　ただ，地理学の面白さは特定の「みわたす力」だけで空間や場所をとらえるというところに留まるのではない。そこに加えて，隣接する視点，関連する視点で得られた知見をも取り込みつつ，総合的にとらえようとする側面を強く持っている。こうした，様々な視点や知識を「つなげる力」もまた，地理学の研究を進める基礎的な知力として位置づけられる。

　自然地理学と人文地理学の区分は学問の精緻化には有効だが，地理学の特徴が，自然と人文の相互に深く関係している点にあることを忘れてはいけない。言い換えれば，空間を介して，また地図を介して自然地理学と人文地理学が双方向に対話できる点は，他の学問分野には見られない地理学の大きな強みとなっている。例えば現在，地球的課題としてよく取り上げられる「環境」や「災害」といったテーマは，自然と人間の関係性のなかから立ち現れるものであり，解決策を検討する際には，自然地理学と人文地理学の両方の視点をつなげることが特に有効となる。

　地誌学は1つの地域・場所に焦点を絞り，そこの個性を総合的に理解しようとする学問である。地誌学においても「みわたす力」と「つなげる力」が重要なのは変わらない。地形や気象，植生といった自然条件や経済や政治，文化，歴史といった人文条件といった，それぞれの視点から地域をみわたすことは，地誌学を進めるうえで基本的な作業となる。ただし，個別の「みわたす力」で得られた知見をいくら並べても，特徴を羅列したにすぎず，総体としての地域・場所の個性を理解したことにはならない。そのため，総合的な把握のための「つなげる力」が大きな役割を果たすことになる。

3．高等学校までの地理と大学の地理学

　教員免許取得に必要な科目の授業を受けていると改めて，小中高までは教科書があったのに，大学では教科書を使う場合とそうでない場合があり，先生によって選ぶ教科書も異なっていることに気づく。なぜこうした違いが生じるかというと，高等学校までは文部科学省によって「学習指導要領」が定められており，その内容に従って教科書が作成されているためである。教科書は出版社によってタイトルや表紙が違っているかもしれないが，目次を見るとどの教科書も似ていることを理解できるだろう。学習指導要領は約10年間隔で改訂されており，そのたびに学習指導要領に合わせて新しい内容の教科書が作られ，文部科学省の検定を経ることによって発行されている。もちろん，大学入学共通テストをはじめとした大学入試問題の多くも，教科書の内容に沿って出題されている。

　大学では，文部科学省による検定を受けた教科書を指定して，地理学を教えなければならないという決まりはない。しかも最新の研究動向を紹介しようとすると，各教員の専門分野や各大学の地理学教室による伝統やスタッフ構成が影響を及ぼす。例えば，地理学はまず自然地理学と人文地理学によって学ぶ内容が異なってくるし，人文地理学の中でも社会科学系と人文科学系によって，読むべき参考文献や隣接分野も変わってくる。高等学校の地理ではこの項目が好きだったからとか，地理は地図に描か

※
自然地理学の分野については，『自然地理学』第1章を参照のこと.

※
環境については第13章で，また災害については『自然地理学』第13章と第14章で，それぞれ取り上げている.

※
地理教育と社会との関係については，第15章で扱っている.

れるものだという大前提を解き放って，大学の専門的な地理学を学ぶための柔軟な心構えが必要とされる。

4．総合科学としての地理学

　現在の大学には様々な学部があり，かつては文系・理系の区別がはっきりしていたが，近年では国際系や環境系など区分があいまいな学部も増えている。日本に大学ができた当初は，文学部と理学部のように，文系・理系の区分はかなりはっきりしていた。そのなかで自然地理学は理学部，人文地理学は文系に属すものとして展開する。東京大学（当時は東京帝国大学）では理学部に，京都大学（京都帝国大学）では文学部に，それぞれ地理学教室が誕生し，各々発展していった。こうして東大は理系，京大は文系という異なる経路となったため，そのことが他大学にも影響し，現在でも東日本では理学部系統に地理学教室が多く，また西日本では文学部系統に地理学教室が多くなっている。

　もう1つの流れは高等師範学校である。高等師範学校は教員養成が目的であったため，地理学は中学・高校の地理教育を支える学問として教育学部にも展開していく。筑波大学（東京教育大学）をはじめ，広島大学，金沢大学などは現在でも地理学の拠点校として多くの人材を輩出している。

　このように地理学は独自の学部をもたず，様々な学部に展開したため，研究者の学位をみると，理学博士，文学博士，農学博士など一見するとまったく違う学問体系に育ったようにみえるほど出自は多様である。こうした幅広い学問にまたがるということ自体が地理学の総合学問たるゆえんであるともいえるし，地理学全体の強みともなっている。さらに，地理学の個別領域においては，それぞれ他の学問分野と密接しており，例えば気候学と地形学などは地球惑星科学と，経済地理学は経済学と，政治地理学は政治学と，歴史地理学は歴史学や考古学とかかわりがある。ともすれば，地理学はディシプリンとしての核をもたないという批判もあるが，他方，総合科学としての地理学の有効性が発揮されるのは，こうした他の学問分野との柔軟なかかわりの場においてである。

5．地理学史からみた人文地理学の現在

　18世紀以降，地理学は諸科学と同様に近代化していった。「近代地理学の祖」といわれるアレクサンダー・フォン・フンボルトとカール・リッターは地理学の方法論の確立につとめ，その著書は後世に多大な影響を及ぼした。18世紀後半以降には近代地理学において，人文地理学が独自の内容と性格を帯びて分化していった。第二次世界大戦以前は，各地域の個性記述と比較考察が主であり，自然環境と生活様式を結びつけて考える環境決定論的な視点が中心であった。ドイツのフリードリッヒ・ラッツェルの研究などをもとに自然環境と生活様式を結びつけてとらえる環境決定論的な視点が展開した一方で，環境がすべてを決めるのではなく，人間は環境に影響を受けつつも能動的に活動するというポール・ヴィダル・ド・ラ・ブラーシュの考えをふまえた環境可能論も地理学内に浸透，定着していった。

※
高等師範学校とは，戦前に存在していた教育機関で，中等学校教員（現在では高校教員に相当する）の養成にあたった学校である．

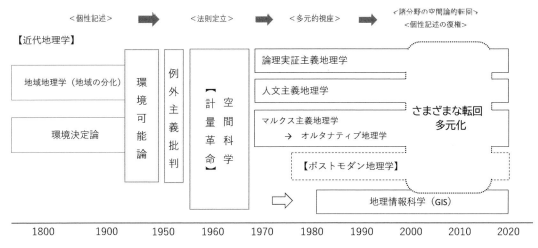

図 1-2　**人文地理学の潮流**（松尾 2015，Chris Philo 2008，をもとに作成）

　図 1-2 は人文地理学の潮
流を示したものである。戦
後を概観すると，その出
発点といえるのはフレッ
ド・シェーファーである。
シェーファーはそれ以前の
個別記述にもとづく研究を
「例外主義」として否定し，
法則定立的な空間科学への
道を説いた。こうした動き
は 1950 年代中頃から「計

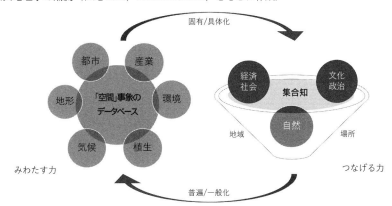

図 1-3　**系統地理学の「みわたす力」，地誌学の「つなげる力」**

量革命」と呼ばれるムーブメントとなっていく。分析手法へのコンピュータ技術の導
入，数量的・計量的分析をもとにした空間分析が発展し，当時の学会誌を中心に計量
分析の研究成果が増加した。こうした計量的な地理学は，日本の地理教育にも多大な
影響を与えたが，1970 年代を 1 つの契機として計量分析への批判も高まっていった。
1980 年代には論理実証主義地理学，マルクス主義地理学，人文主義地理学の潮流が
大きくなっていく。一方，計量地理学は新たなフィールドとして地理情報システム論
や空間情報科学と結びつき，今日の GIS の興隆の礎になった。
　現代では人文地理学の細分化が進み，様々な領域の研究フィールドが広がってい
る。特に，「ポストモダン」思想の影響によって，従前の思想や方法論に疑義が呈され，
研究立場の見直しや新たな考え方や視点を導入する「転回（turn）」が起こっている。
なかでも，経済や社会に広く埋め込まれている文化的な諸側面を注視する「文化論的
転回」や，空間そのものの意味を問い直す「空間論的転回」は，人文地理学の様々な
分野に大きな影響を与える動きとなった。空間を所与の容器，無垢な存在としてとら
える視点は，もはや過去のものである。現在，私たちの住む空間は，いろいろな制度
や慣習，そして権力やせめぎ合いといった複雑な関係性のなかで立ち現れ，変容し続

けているといった理解が定着しつつある。

　こうした生き生きとした／生々しい空間に面白さや課題を見出し，解明しようとするとき，人文地理学が培ってきた「みわたす力」と「つなげる力」は1つの武器となるだろう（図1-3）。「みわたす力」ではそれぞれの対象に関する系統的な知識が集まってデータベースをつくり，「つなげる力」では具体的な地域や場所においてそのデータベースがつながり集合知となる。その集合知を一般化することで系統的な知識へ還元される。こうした「みわたす力」と「つなげる力」の往還は地理学の強みであり，日々の生活のなかでおきる様々な空間的な事象の理解に不可欠である。

6. 各章の概要

　本書は15章から成っており，高等学校の地理教育と大学の地理学との橋渡しを意識した構成になっている。ちょうど1章の内容が大学の週1コマの講義にあたり，半期15週でテキストの内容をすべて学ぶことができるように工夫している。

　本書の構成はいくつかのテーマでまとめることができる（図1-4）。第1章は本書の導入部にあたり，地理学における人文地理学の位置づけを概観している。また，「みわたす力」と「つなげる力」という2つの知力の重要性について指摘している。

　続く第2章は人文地理学にとって基盤となる人口について，世界と日本の動向を中心に整理している。人口構造や人口流動などの人口にまつわる地理学的視点を学ぶことで，人口に起因する様々な社会問題に触れることができるだろう。

　第3章から第5章までは「資源・産業」がテーマである。第3章では資源・エネルギーをグローバルなマクロ的視点から地域のミクロ的視点まで，様々な空間スケールから理解する必要性を学んでもらいたい。第4章で取り上げる農林水産業は，地理学では古くから発達した分野である。古典的なモデルから近年のグローバル化まで，新旧両面からの理解が深まるだろう。第5章は工業化と経済発展であり，産業革命以後の発展や地域間格差が生じた要因について古典的な立地論の考え方から最近の集積論の視点まで，工業を地理学で扱う意義を考えてもらいたい。

　第6章から第8章までは「流通・流動」がテーマである。第6章では商業と交易を考える。常に時代とともに新しい動きが出てくるテーマでもあるので，ニュースやWebサイトで興味ある事例を探しながら地理学で学ぶ意味を考えてほしい。第7章のテーマはネットワークの温故知新である。大陸間を結ぶ陸海路といった古くからの

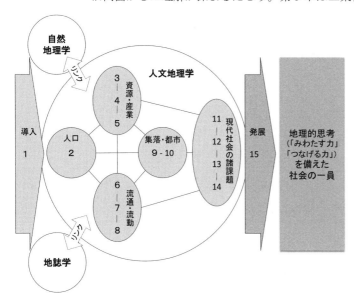

図1-4　本書の構成

ネットワークに始まり，バーチャルとリアルを結ぶ最新のネットワークについても言及している．第8章は観光行動と観光地との関係についての基本的な理解を紹介している．観光という「光」が地域の何を照らしたのか，事例を通じて考えてほしい．

　第9章と第10章は「集落・都市」がテーマである．第9章は集落の形態と構造であり，村落や都市の空間構造についての基本概念を紹介している．第10章では都市の変化や都市内の社会問題に焦点があてられる．人が居住することで生じる課題を，多様な点から検討してほしい．

　第11章から第14章までは「現代社会の諸課題」がテーマである．第11章の開発と地域では，これまでの開発の歴史と思想をふまえ，開発の功罪について多角的に考察している．第12章の国土政策・地域政策では，日本における国土開発の歴史から地域格差是正という目的と地方分権という目標を読み取ってもらいたい．第13章の環境問題では，現代世界の諸課題だけでなく，身近な生活の環境問題にもふれており，政策の必要性を認識できるだろう．第14章では国家の地理を扱っている．グローバルもしくはグローカルが浸透した社会における国家の役割や課題を考えてほしい．

　最後の第15章は地理学と社会がテーマで，地理学の有用性についてふれている．地理学は常に社会の歩みとともに発展してきたため，様々な側面で社会とかかわっている．最後の章を通じて地理学を学ぶ意味や意義を再確認してほしい．

コラム：高大「不」連携の「あるある」（高等学校の地理から大学の地理学への悩み）

　地理が好きになるきっかけは多様である．登山家，旅行好き，鉄道マニア，国名・地名当てのクイズ，地方のグルメめぐりなど，いかにも趣味のようだ．でも，どれも地理っぽい感じがするし，地理学を学びたいと思うきっかけになるのかもしれない．導入として地理を好きになる，地理的現象に興味を持つ，それらは地理学にとって大事な知的好奇心である．ところが地理好きが地理学を専攻するとは限らない．なぜなら地理学を学ぼうとしても，学問としての壁が厚く感じられて，そうした初心者をたやすくは受け入れてくれない場合がある．

　中学校では地理が得意，高等学校でも地理を選択し，入試科目も地理だった．なのに大学で地理学の授業を受けるようになると，ちょっと待てよ，何か違うぞと感じるようになる．おそらく地理好きで大学受験をした人の多くは，そうした戸惑いを感じたことがあるのではないだろうか．地形や気候といった自然地理は予想できても，定量的な統計分析の一方で社会理論家も知っておかなければならなくなることに，地理学って高等学校までの地理と違うのかもしれないと思うようになる．本来は地理教育として連携しているはずが，研究を重視するあまりか，不連続感を抱くこともある．

　しかしながら高等学校の地理と大学の地理学がまったくつながらないというわけではない．高等学校までの地理と大学からの地理学をつなげる要素として，地域調査がある．最近の大学はフィールドワークを重視していることもあり，時間や場所を有効に使えることから，高等学校までの制限された時間割と比べると，地域調査についてしっかりと学ぶことができる．いずれも大学教員が自らの地域調査経験に基づいて，大学生向けに執筆している．たぶん大学教員の多くは最初に紹介したような地理好きな人物である．

　高等学校の地理と大学の地理学の違いを気にするのではなく，今まで学んだことを活かしつつ，さらに自由な発想とスキルアップによって，学問の充実した修得を目指してもらいたい．

（上杉和央・香川雄一・近藤章夫・小野映介・吉田圭一郎）

2　人　口

1.　世界の人口

　産業革命以後，まず先進国で，その後発展途上国でも人口爆発が生じて，世界の人口が急増した（図2-1）。世界の人口が10億人に達するのに，人類誕生以降数百万年を要したが，以後の約130年で倍の20億人に達し，その後も増加は加速した。世界の人口は2000年には60億人を超え，2011年10月末日に70億人を突破して，今世紀末には90億人になるとも100億人になるともいわれている。

　図2-1の内表にあるように，長期的な推移をみると，人口の増減は地域別でかなり異なっている。こうした人口増減がもたらす問題について，ロバート・マルサス以降，経済と社会の両面において考察が行われてきた。都市・農村・国などの経済社会が，人口によってアンバランスになることを総じて人口問題という。特に，人口増加によって引き起こされる都市の過密や食糧・資源の不足などは大きな課題である。

　世界の人口密度は1 km²当たり約56人（2015年）であり，日本の人口密度（約340人 / km²）と比べてもそれほど大きいわけではない。問題は，こうした人口がどこに住んでいるかである。地理学では，居住地域のことをエクメーネ（居住空間），非居住地域をアネクメーネというが，アネクメーネはおもに砂漠，寒冷地域，高山地域などに分布しており，全陸地面積の約10％を占める。エクメーネとアネクメーネの境界は，極限界，高距限界，乾燥限界といわれ，近年は砂漠化や温暖化でエクメーネがおびやかされている。すなわち，人口増加する一方で，居住空間も変化しているため，人口の諸事象の理解には自然環境も含めた多面的な考察が必要となる。

※
人口についての重要なモデルはいくつかあげられる．そのなかで最も有名なのは，ロバート・マルサスの『人口論』で提示されたものである．人口は幾何級数的に増加するのに対し，食糧は算術級数的にしか増えないため，人口増加が食糧不足を招くことをマルサスは予言した．

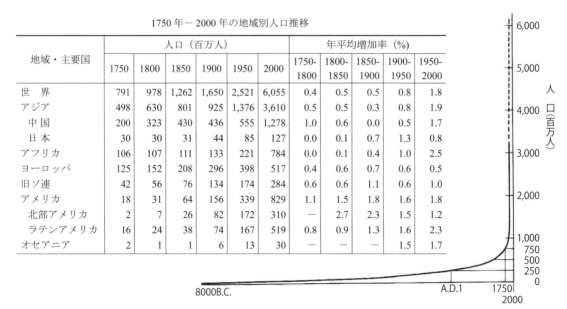

地域・主要国	人口（百万人）						年平均増加率（％）				
	1750	1800	1850	1900	1950	2000	1750-1800	1800-1850	1850-1900	1900-1950	1950-2000
世　界	791	978	1,262	1,650	2,521	6,055	0.4	0.5	0.5	0.8	1.8
アジア	498	630	801	925	1,376	3,610	0.5	0.5	0.3	0.8	1.9
中　国	200	323	430	436	555	1,278	1.0	0.6	0.0	0.5	1.7
日　本	30	30	31	44	85	127	0.0	0.1	0.7	1.3	0.8
アフリカ	106	107	111	133	221	784	0.0	0.1	0.4	1.0	2.5
ヨーロッパ	125	152	208	296	398	517	0.4	0.6	0.7	0.6	0.5
旧ソ連	42	56	76	134	174	284	0.6	0.6	1.1	0.6	1.0
アメリカ	18	31	64	156	339	829	1.1	1.5	1.8	1.6	1.8
北部アメリカ	2	7	26	82	172	310	—	2.7	2.3	1.5	1.2
ラテンアメリカ	16	24	38	74	167	519	0.8	0.9	1.3	1.6	2.3
オセアニア	2	1	1	6	13	30	—	—	—	1.5	1.7

1750年－2000年の地域別人口推移

図2-1　世界の人口推移（河野 2000，4頁および9頁をもとに作成）

2. 人口増減と人口転換

　人口の増減には，自然増加と社会増加がある．自然増加は出生数から死亡数を引いたもので，人口をみるうえで最も基本となる．他方，社会増加は転入数から転出数を引いたものであり，人口移動を加味した人口動態を表す．なお，社会増加はおもに地域間の人口移動に用いられることが多いが，国家間の社会増加の場合は移民の増減を示す．これらの自然増加と社会増加を足し合わせたものが人口増加となる．

人口の増加

> **自然増加**＝出生数－死亡数
> 　自然増加率*＝出生率－死亡率
> 　　（*‰（パーミル）で示す．%が1/100を示すのに対し，‰は1/1000を示す．）
>
> **社会増加**＝転入数－転出数
> 　人口増加＝自然増加＋社会増加

　人口の増減をみる指標のうち，最も重要なものの1つは合計特殊出生率（TFR：Total Fertility Rate）である（図2-2参照）．1人の女性が生涯に何人子どもを産むかを示す数値であり，現在の人口を維持するためには2.1前後が必要とされる．これを人口置換水準という．合計特殊出生率が明解なのは，2を下回れば次世代の人口が自然減少する点である．また，途上国の人口動態をみるうえで開発指標として用いられているのが乳幼児死亡率である．これは，1歳未満の乳児と6歳未満の幼児をあわせた死亡率で，乳幼児は成人に比べて病気に対する抵抗力が弱いため，途上国ではその死亡率が一般的に高い．乳幼児死亡率は医療技術の発展や公衆衛生の改善により低下することが経験的に知られており，途上国への支援を行ううえで開発目標の1つとなっている．

　人口を時間軸でみると，出生率および死亡率は長期的に低下傾向にある．一般に，出生率は死亡率よりもゆるやかに低下し，死亡率は医学の進歩や上下水道のインフラ整備や医学の進歩で出生率よりも早く低下する．この出生率と死亡率との関係によって，人口構造は3つの類型に分かれる（図2-3）．第Ⅰ段階は，多産多死型である．出生率・死亡率ともに高い状態である．次に多産少死型に移行する（第Ⅱ段階）．出生率は依然として高いが，死亡率は低下するため人口増加が著しく人口爆発

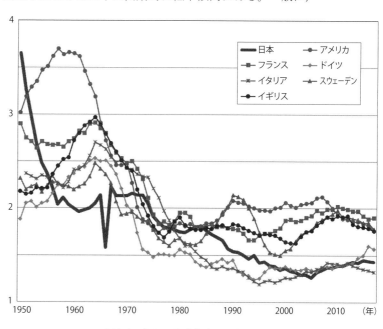

図2-2　各国の合計特殊出生率の推移
（国立社会保障・人口問題研究所の資料をもとに作成）

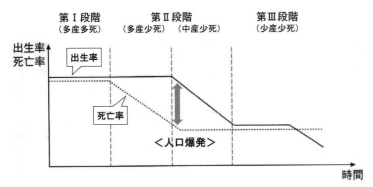

第Ⅰ段階
（多産多死）

第Ⅱ段階
（多産少死）（中産少死）

第Ⅲ段階
（少産少死）

出生率
死亡率

出生率

死亡率

＜人口爆発＞

時間

図2-3　人口転換のモデル（加藤2007，31頁をもとに作成）

をおこしやすい。なお，この段階を2つに分けて中産少死型を含めて4類型とする場合もある。最後の第Ⅲ段階は，少産少死型である。出生率・死亡率ともに低く，先進国の多くがこの段階にあるといわれる。こうした人口構造が，多産多死型から多産少死型へと変化することを人口転換という。

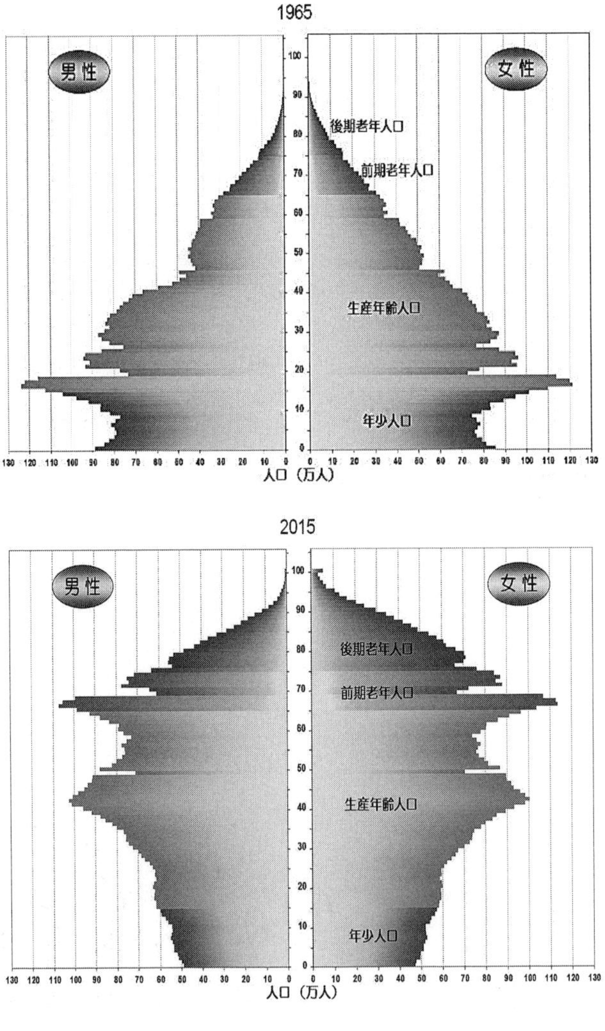

3．人口ピラミッド

　人口構成は年齢・性・産業・職業・居住地など，人口の属性による区分である。人口政策や人口問題を考える際の重要な指標となる。年齢別人口でみると，年少人口（幼年人口）と生産年齢人口，老年人口に大別できる。年少人口は15歳未満の人口であり，生産年齢人口は15歳以上65歳未満，老年人口は65歳以上の人口である。日本は老年人口の割合が25％を超えていて，世界で最も高齢化が進んだ国の1つとなっている。

　人口構成をみる基本的な図としては，人口ピラミッドがあげられる（図2-4）。これは，年齢別・性別人口構成を国・地域別に図示したものであり，縦軸に

※
多産多死型には，アフリカやアジアの後発発展途上国が含まれる。多産少死型には途上国の多くが含まれ，少産少死型には欧米の先進諸国が該当する。ただし，移民などの人口移動の効果によって出生率が横ばいになるなど，人口属性によって構造は変わる。こうした人口属性による差異をみるには人口ピラミッドが適している。

1965

男性

女性

後期老年人口
前期老年人口

生産年齢人口

年少人口

人口（万人）

2015

男性

女性

後期老年人口
前期老年人口

生産年齢人口

年少人口

人口（万人）

図2-4　日本の人口ピラミッド（国立社会保障・人口問題研究所HP）

年齢，横軸に人口数もしくは構成割合（一般に左側に男子，右側に女子を示す）を表す。この人口ピラミッドの動態も先の人口構造と関係しており大別すると次の3つのタイプがある。第1の型はピラミッド型（富士山型）である。人口全体に占める低年齢層の割合が大きく，高年齢層が非常に小さい。1965年の日本の人口ピラミッドがそれに相当する。第2の型は釣鐘型で，低年齢層と高年齢層の差が少ない。第3の型はつぼ型（紡錘型）であり，低年齢層よりも高年齢層の割合が大きい。現在の日本の人口ピラミッドはつぼ型である。

4．人口と経済発展

人口の増減は経済発展と密接にかかわっている。一般に，経済成長には労働力の増加，資本の蓄積，技術進歩が重要だとされる（図2-5）。また経済成長の文脈で使われる用語に，年少人口と老年人口の合算値である従属人口がある。生産年齢人口を従属人口で割った比率でみた場合（＝生産年齢人口／従属人口），生産年齢人口の割合が大きい時期を人口ボーナス期と呼ぶ。一般に，人口ボーナス期

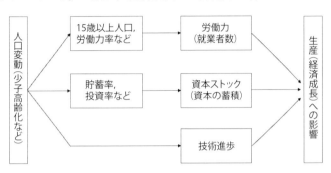

図2-5 人口と経済成長の関係（加藤2007, 122頁）

は税や社会保障の負担が小さく，可処分所得の割合が高くなるので経済成長に対してプラスの影響をもたらす。人口ボーナス期と工業化が重なると経済成長が加速しやすく，日本の高度成長も人口ボーナス期と重なっていたとされる。逆に人口オーナス（負荷）とは，従属人口である高齢者や子どもの割合が増えて，生産年齢人口である現役労働世代が少なくなる状態であり，一般に経済成長に対してマイナスの影響がみられる。

経験的に知られているのは，経済成長と人口増加率には負の相関関係があることである。先進国では経済成長とともに出生率が下がり，平均寿命が長くなることで少子高齢化が進んでいる。他方，サブサハラ以南のアフリカ諸国では，経済成長が停滞しているとともに合計特殊出生率が高止まりしていて高い人口増加率を示しており，貧困問題が顕著となっている。

経済成長を考えるうえで人口の増減は論争的である。人口大国である中国やインドの1人当たりGDPはアメリカや日本に比べて高くないことからも，単純に人口が多いと経済成長につながるとは言い切れない。他方，1人当たりの付加価値額が一定であると仮定すれば，人口が減少すると，減少分だけGDPが減ることになる。鍵となるのは1人当たりの付加価値額，すなわち労働生産性である。人口が半分に減ったとしても，労働生産性（1人当たりの付加価値額）が倍以上に上昇すればGDPは成長することになる。労働生産性の高低は資本の蓄積や技術進歩とかかわるので，人口の増減だけで経済成長を論じることはできないのである。

コラム：労働力人口とM字カーブ

生産年齢人口と労働力人口は似ているので混同しやすい．労働力人口は15歳以上人口のうち，就業者と完全失業者を合わせたものである（図2-6）．生産年齢人口と重なるが労働力には定義上，年齢の上限はない．日本の労働力人口のうち，65歳以上の高齢者の割合は約12.8％である（2018年）．なお，労働参加率は生産年齢人口に占める労働力人口の割合をいう．日本では少子高齢化が進んでいるので，生産年齢人口も長期的には減少

図2-6　労働力人口の定義

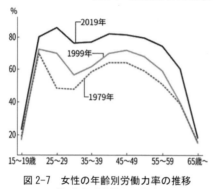

図2-7　女性の年齢別労働力率の推移
（総務省「労働力調査」）

することとなる．そのなかで，経済成長に対する人口減少のショックを和らげるために，高齢者と女性の労働参加率をあげていくことが政策課題となっている．

図2-7は日本における女性の年齢別労働力率の推移について．1979年から20年ごとで3時点の比較を示している．日本では女性の労働力率において，結婚・出産期にあたる年代に一旦低下し，育児が落ち着いた時期に再び上昇するという「M字カーブ」を描くことがよく知られている．かつて欧米諸国では日本と同じように出産や育児で離職する割合が高い国もみられたが，現在ではほぼ解消している．日本も女性の社会進出が進み，子育て支援や柔軟な働き方の導入などによってM字のボトムとの差は小さくなりつつある．仕事と家庭，地域社会とのかかわりなどにおいて人生の様々なライフステージに応じた多様な生き方・働き方ができるように，ワーク・ライフ・バランス（仕事と生活の調和）の確立を一層図っていく必要がある．

5．人口移動と都市化

人口移動は居住地の変更をともなう移動であり，国内人口移動と国際間人口移動（移住）に分けられる。このうち，国内の農村や後進地域から都市への人口移動が進むことを都市化という（図2-8）。途上国では農村の人口過多が都市への移動要因となっているためPush型人口移動であり，先進国では都市部の産業発展による労働需要の増加を要因としたPull型人口移動が特徴となる。都市化は特定地域の過密問題と結びつき，他方，農村や後進地域では人口減少による過疎化が問題になりやすい。

6．人口から社会を考えるために

人口は集計量であり，数字で表された1つの表象にすぎない。日本は人口減少社会になっており，将来への不安から経済と人口を単純に結びつける論調が多くなっている。抽象的な数字だけで論じれば，若年層は単なる生産力の数ととらえられ，老年人口は経済にとって重石となるものとみられる危険性をはらんでいる。人口は様々な政

※
都市化やそれにともなう課題については，第9章～第11章でも扱っている．

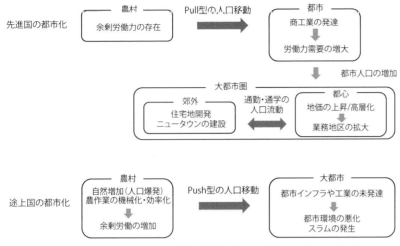

図 2-8　人口流動と都市化（『新詳資料　地理の研究』をもとに作成）

策に有益な情報を提供する一方，数字に置き換えられないものを含んでいることに留意すべきである．地域や場所を考えるうえで，人口を単なるデータ量としてのみ扱うのではなく，地理的想像力をもって異なる地域や場所に暮らす人々の人生や環境に思いをはせることが肝要である．

※
人口属性で区別するときにも留意が必要である．例えば，人種や民族は歴史的な差別意識と無関係ではいられないし，性別も生物学的な性だけでなく，社会的・文化的性（ジェンダー）を含むので公平性が常に問題となる．近年は LGBTQ などの性のアイデンティティなども議論されるようになってきている．人口と社会の関係をみるうえで多様な文脈（コンテクスト）を読み解く作業が欠かせないのである．

コラム：人口推計の方法

　　将来人口の推計や予測はどのように行われるのであろうか．国連では毎年「World Population Prospects」で人口動向を多角的に予測しており，日本では国立社会保障・人口問題研究所（通称・社人研）が様々な人口推計を行っている．

　　人口を推計するときに必要となるのは，基準年における男女別年齢別人口である．この基準年の人口に，各年齢の死亡や人口移動を仮定し，新たに生まれる人口（出生数）を加えればよい．出生数の予測には合計特殊出生率が使われる．地域の人口推計の場合，「コーホート要因法」と呼ばれる方法を用いられることが多い．コーホートとは，ある一定期間に生まれた人の集団をいう．通常は 10 歳きざみや 5 歳きざみで同一年齢グループとする．

　　図 2-9 は 2005 年を基準年として，5 年後の人口を推計する方法を図示したもの

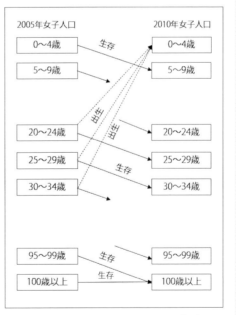

図 2-9　コーホートを用いた人口推計
（河野 2007，233 頁）

である．コーホートは 5 歳きざみである．基本的な考え方は，過去のある年齢グループが 5 年後にどれほど増減したかという比率を作成し，この比率が変化しないと仮定して，基準年の同じ年齢グループに当てはめて 5 年後の人口を予測するものである．国や地域のいずれの人口推計も将来の出生率，生残率，人口移動数を仮定する必要があるが，特に出生率の増減によって将来人口は左右される．

（近藤章夫）

大地の恵み，文明の基盤

3　資源・エネルギー

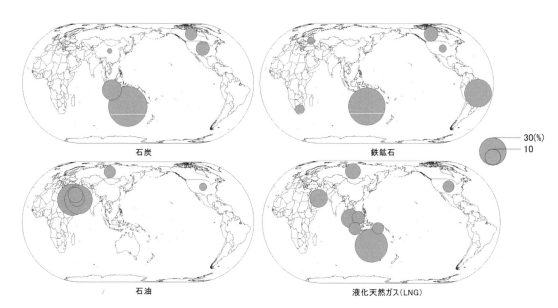

石炭　　　　　　　　　　　　　　　　　　鉄鉱石

30(%)
10

石油　　　　　　　　　　　　　　　　　　液化天然ガス(LNG)

図 3-1　主な資源における日本の主要輸入先（2019 年）（『日本国勢図会 2020 / 21 年版』）
各資源の輸入総額に対する各国の割合.

1. 偏在する資源

　図 3-1 は，主な資源における日本の主要な輸入先を示したものである。日本はほとんどの資源を海外に依存しており，資源の輸入大国である。ただし，国内に資源がないのではなく，資源の種類は豊富にある一方，産出量が少ない。かつて日本は金・銀・銅などで世界的な産出地域であった。また近代に入ってからは国内の炭田開発を進め，エネルギー資源の石炭を自給していた時期もある。

　潮目が変わったのは 1950 年代以降である。中東地域における原油生産の本格化で，安価な資源の世界各地への輸出が急増した。オーストラリアやブラジルなどの新大陸では露天掘りによる大規模開発が進み，極地方や海底などでも資源探査が進められた。経済発展が進むにつれて，多くの資源が消費されるようになり，資源需要の拡大にともなって資源開発が世界各地で進められてきた。資源の大部分は地理的に偏在し，資源が採れる場所と使う場所が地理的に離れているために，資源国と生産国とのあいだの貿易や摩擦，資源をめぐる国際関係や安全保障など，さまざまな資源問題が生じている。その意味で資源問題とはすぐれて地理学的テーマだといえる。

2. 資源とは何か

　資源は，一般に経済活動に利用される生産要素や原材料をさす。近年では，人的資源や観光資源，地域資源のような使い方もされるようになってきている。共通するのは，経済活動に投入される要素としての資源であり，資源を用いることによって何ら

❀
日本の炭田開発は明治期から大正期に進められ，石炭の生産は 1950 年代にピークを迎えた。その後は多くの炭田が閉山になった.

❀
資源をめぐる国際関係について理解を深めるには，EU の源流である ECSC（ヨーロッパ石炭鉄鋼共同体）や OPEC（石油輸出国機構）などが好例である。それらの歴史を調べてみよう.

かの付加価値が生み出される点である。

　人間が利用可能な資源は時代によって異なるので，社会状況や技術進歩のもとで資源の使われ方は変わる。例えば，ペットボトルや空き缶などのごみは再生技術が確立されれば，リサイクル資源として価値をもち，対してかつては有機肥料として価値を有していた人間の糞尿は代替の肥料が生産されるようになると資源として価値をもたなくなる。このように資源とは生産活動の内実によって分類される相対的なものである。

3．天然資源と地理的分布

　自然に存在している天然資源は，長い年月をかけて生成されてきたものが多い。産業革命以降，経済活動の発達にともなって人類は資源の利用を加速化させており，改めて資源の有限性が認識されるようになってきている。

　天然資源の産出は，特定の国・地域に偏っていることが多い。図 3-2 は石油の生産量について主な生産国の分布を示したものである。世界全体に占める生産国上位 5 カ国のシェアは，石油では約 52.0％，天然ガスでは約 55.0％，石炭では約 83.8％に達している。

　化石燃料の埋蔵量をみると，石油と天然ガスは中東地域に多く，石炭はヨーロッパやユーラシア大陸，アジア・太平洋，北アメリカの各地域に同じくらい分布している（表

※
天然資源の分布は地形や地層と関連している。これまでの高等学校の教科書では，古期造山帯では石炭や鉄鉱石，新期造山帯では原油や天然ガスの産出が多くみられると書かれていた。ただし，造山帯は地質学の用語なので，地理の教科書では用いられなくなっている。『自然地理学』第 2 章などを参照。

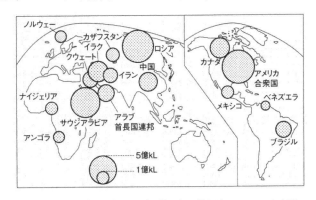

図 3-2　世界の原油産地（2019 年）（『日本国勢図会 2020 / 21 年版』）

表 3-1　化石燃料の地域別埋蔵量（2017 年）

	石炭		石油		天然ガス	
	埋蔵量 （億トン）	可採年数 （年）	埋蔵量 （億バレル）	可採年数 （年）	埋蔵量 （兆 m³）	可採年数 （年）
欧州・ユーラシア	3,236	265	1,583	24	62.2	59
中東	12	752	8,077	70	79.1	120
アフリカ	132	49	1,265	43	13.8	61
北アメリカ	2,587	335	2,261	31	10.8	11
中南アメリカ	140	141	3,301	126	8.2	46
アジア・太平洋	4,242	79	480	17	19.3	32

資料：BP 統計
注：可採年数は埋蔵量を年間の生産量で割った値。

※
頁岩（シェール）
層にある天然ガス
をシェールガスと
いう．2010 年代
にアメリカで本格
的に利用されるよ
うになった．この
動きは「シェール
革命」と呼ばれる．

3-1）．この埋蔵量は正式には確認可採埋蔵量と呼ばれる．資源の量が確認されていて，現在の採掘技術を用いて商業利用が可能な量をいう．新たな油田や炭鉱が見つかれば増えるが，それだけでなく探査技術の進歩や採掘技術の革新などによっても増加する．かつては利用が難しかったオイルサンドやシェールガスなども技術革新によって利用できるようになった．可採年数は現在の利用を続けていけば何年で枯渇するのかを表す指標として用いられるが，確認可採埋蔵量の増加によって可採年数は延びるケースが多く，必ずしも資源の有限性（枯渇可能性）を正確に表していないことに留意されたい．

4．資源開発と地域

鉱産資源は主に鉱工業で利用されているもので，鉄鉱石や非鉄金属などがある（表3-2）．このうち，鉄は紀元前 3000 年ごろから人類に利用されてきた長い歴史がある．鉄鉱石は，広く地球上に豊富に存在するが，採掘が容易で採算性の高い鉱山は，先カンブリア時代の地層が露出した新大陸に多く分布しており，現代の輸出国はオーストラリアやブラジルが上位に並ぶ．

新たな資源の発見や採掘は，社会や経済に大きなインパクトをもたらす．資源の採掘には多くの労働力が必要なため，資源開発によって人口移動が生じて，資源の産出地には街や都市が形成されることが多い．例えば，世界史に登場する南アメリカ大陸のポトシ銀山は，スペイン人とインディオ合わせて約 3,000 人で採掘が始まったが，新大陸最大の銀山となり，最盛期にはポトシ市の人口は 16 万人に達してメキシコ市をしのぐ新大陸最大の都市となった．

こうした資源開発にともなう人口移動や集住の例は，古今東西で多くみられる．金をめぐるゴールドラッシュもその一例である．1848 年にカリフォルニアで金鉱脈が発見されると，国内外から 30 万人もの人々が押し寄せ，アメリカの西部開拓が進むとともに，各地からの移民がアメリカ西海岸に集まる契機となった．このカルフォルニア・ゴールドラッシュが歴史上，金をめぐる最大規模の狂騒であったとされる．

また，資源開発の多くは，辺境の地で厳しい自然環境のもとで行われてきたため，エクメーネの拡大に寄与してきた．北極圏では，スヴァールバル諸島のスピッツベルゲン島の石炭やスカンジナヴィア半島のキルナ・イェリヴァレ鉄山などが，高校の授

※
鉄は文明史的な視点からも興味深く扱われてきた．近年，中央アジアからトルコにかけて，アイアンロードと呼ばれる鉄の分布に関する新たな考古学的知見が出されている．ジャレド・ダイヤモンドの『銃・病原菌・鉄』では，資源と文明の関係について地理学をベースとした考察がなされている．

※
天然資源の豊富な国において，工業化や経済発展などが進まない現象は「資源の呪い」と呼ばれる．アフリカ諸国に多いが，その要因を考えてみよう．

※
エクメーネとアネクメーネについては第 2 章を参照．

表 3-2　各種金属鉱の主要生産国（2017 年）

	生産国上位 3 カ国とその割合（%）	産出量計 (t)
鉄鉱石	オーストラリア（36.5），ブラジル（17.9），中国（14.9）	15 億
金鉱	中国（13.2），オーストラリア（9.3），ロシア（8.4）	3,230
銀鉱	メキシコ（20.2），ペルー（16.4），中国（13.1）	2.66 万
銅鉱	チリ（30.2），中国（9.0），ペルー（8.9）	1,910 万
ボーキサイト	オーストラリア（28.5），中国（22.7），ギニア（15.0）	3.08 億
すず鉱	中国（31.9），ミャンマー（18.8），インドネシア（18.1）	28.8 万
マンガン鉱	南アフリカ（34.7），オーストラリア（17.0），中国（12.3）	1,700 万

資料：『世界国勢図会 2020 / 21 年版』

業でも扱われる有名な産地として知られる。これらの産地も元々は極限界によるアネクメーネであったが、資源開発にともなって人々が居住するようになった。

　このように資源開発によってつくられた集落や都市は、鉱山町（鉱山都市）や炭鉱町（炭鉱都市）と呼ばれる。日本においても、かつては国内に多くの鉱山町があったが、資源の枯渇や需要の減退によって閉山となり、衰退していった。資源の採掘にもライフサイクルがあり、そのサイクルによって鉱山町（鉱山都市）や炭鉱町などの栄枯盛衰がみられるのである。

<aside>
❋
近年では、鉱山跡を産業遺産として活用する例がみられる。日本では石見銀山や端島炭坑（軍艦島）、海外ではドイツのエッセンなどが世界遺産に登録されている。
</aside>

> ## コラム：鉱山都市の持続的発展に向けた取り組み
>
> 　スウェーデンのキルナ・イェリヴァレ鉱山は、良質な鉄鉱石が産出することで知られる（図3-3）。ボスニア湾は冬に凍結するため、鉄鉱石の積み出しは、夏がルレオ港、冬がナルヴィク港をメインとして行われていた。ナルヴィク港は高緯度ながら北大西洋海流の影響で不凍港であり、季節によって積出港が変わるというユニークさから、ルレオとナルヴィクは地理の問題として頻出であった。現在はルレオ港も砕氷船によって年間を通じた積み出しが可能となっている。
>
> 　両鉱山はもともと露天掘りであったが、大部分が坑内掘りへ移行して地下で採掘が続けられている。2000年代以降、キルナ・イェリヴァレ両市では、坑内掘りが進むことによって市街地の地表陥没の恐れが出てきた。そのため、鉱山会社はキルナ・イェリヴァレ両市の当局と協議をして、住民への補償をしながら、市街地を移転させるプロジェクトを進めている。鉱山を優先して人と街を別の場所に移すという事例は世界的にも注目されている。
>
>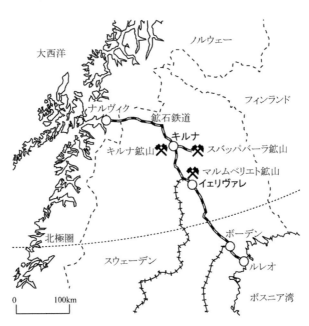
>
> 図3-3　キルナ・イェリヴァレ鉱山の位置（外枦保 2018）

5. エネルギー革命と再生可能エネルギー

　一次エネルギーの構成は、多くの国で化石燃料が主力である（図3-4）。石炭から石油へのエネルギー革命によって20世紀は「石油の世紀」ともいわれる。その一方で、1970年代の2度の石油危機を契機に、原子力などの代替エネルギー利用や省エネなども進んだ。とくに1990年代以降は、地球温暖化問題を背景に、化石燃料の利用を抑え、非化石エネルギーへのシフト、とくに再生可能エネルギーといわれる自然エネルギーへの転換が模索されるようになっている。

　再生可能エネルギーには、水力、太陽光、風力、地熱、バイオマスなどが含まれる。

<aside>
❋
地球環境問題については第13章を参照。
</aside>

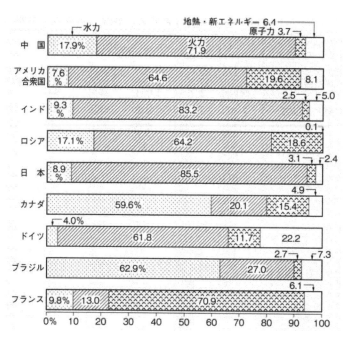

地熱・新エネルギー 6.1

	水力		火力	原子力 3.7
中 国	17.9%		71.9	
アメリカ合衆国	7.6%		64.6	19.6 / 8.1
インド	9.3%		83.2	2.5 / 5.0
ロシア	17.1%		64.2	18.6 / 0.1
日 本	8.9%		85.5	3.1 / 2.4
カナダ	59.6%		20.1	15.4 / 4.9
ドイツ	4.0%	61.8	11.7	22.2
ブラジル	62.9%		27.0	2.7 / 7.3
フランス	9.8%	13.0	70.9	6.1

図 3-4　主要国の一次エネルギー構成（2017 年）（『世界国勢図会 2020 / 21 年版』）

表 3-3　再生可能エネルギー発電量
（2017 年）

	発電量（億 kWh）
中国	16,624
アメリカ合衆国	7,182
ブラジル	4,664
カナダ	4,322
インド	2,635
ドイツ	2,163
ロシア	1,862
日本	1,682

資料：『世界国勢図会 2020 / 21 年版』

※
固定価格買取制度は FIT（Feed-in Tariff）とも略される。日本では，この制度の原資を再生可能エネルギー発電促進賦課金として電気使用者から徴収している．電気料金明細書に「再エネ発電賦課金」などと記されているので，どのくらい支払っているか調べてみよう．

化石燃料が大規模な発電施設による集中利用型のエネルギーであるとすると，再生可能エネルギーの多くは小規模な分散利用型を特徴としている。再生可能エネルギーの普及によって，それぞれの地域特性に応じたエネルギーの「地産地消」へと社会が転換していくことも期待されている。

　主要国は 2010 年代以降，再生可能エネルギーの発電量を増やしている（表 3-3）。脱炭素化やカーボンニュートラルなどの掛け声のもと，再生可能エネルギーの普及を進めるべく様々な政策が各国で出されている。そのうちの 1 つが固定価格買取制度である。この制度は，国が定める価格で電気事業者が一定期間買い取ることを義務化するものである。ヨーロッパなどの先進国で導入され，日本でも 2012 年から本格的に導入された。

　日本の再生可能エネルギーは 2017 年現在，国内発電量の約 15% を占めている。そのうち，太陽光発電が大半を占め，水力発電と並ぶまでになった。従来は住宅用太陽光発電が主であったが，広大な土地に設置する大規模な産業用発電所（メガソーラー）も設置されるようになってきている。図 3-5 は，国内最大級のメガソーラーの 1 つである瀬戸内 Kirei 太陽光発電所である。この土地はかつて錦海塩田として使われていた約 500 ha の干拓地で，この広大な土地と瀬戸内の日照に恵まれた気候からこの地にメガソーラーが建てられた。国内のメガソーラーは，未利用地や跡地などを活用して立地しており，自然条件の恵まれた場所が立地条件となっている。

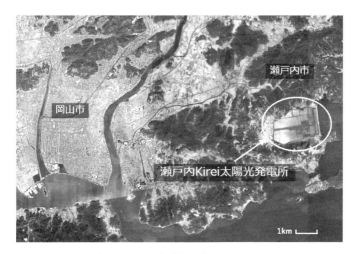

図 3-5　岡山県の瀬戸内 Kirei 太陽光発電所（GoogleMap をもとに作成）

6. 持続可能な社会に向けた取り組み

　再生可能エネルギーの普及を世界各国で進める背景には，世界的な人口増加と工業化にともなって資源問題が深刻化していることがあげられる。21 世紀に入ってから，国連主導で持続可能な発展や開発に関するアジェンダが提示され，資源利用のあり方も問われている。

　資源利用の持続可能性については，3R（スリーアール）の取り組みが進められている。3R とはリデュース（Reduce），リユース（Reuse），リサイクル（Recycle）の頭文字の総称であり，総じて資源の使用量を減らすとともに繰り返し使用するなど資源の有効活用を進める運動である。また，廃棄物を極力減らす「ゼロ・エミッション」や「ゼロ・ウェイスト」なども近年の動きとして注目される。こうした持続可能な社会に向けた取り組みでは，国際社会での世論形成だけでなく，草の根活動（グラスルーツ）が重要であり，地域やコミュニティでの実践が成否をにぎっている。

コラム：再生可能エネルギーをめぐる地域の課題

　再生可能エネルギーの普及が進むなかで，新たな問題も生じている．太陽光発電では，低湿地や斜面などを土地改変してパネルを設置するケースが増えているため，豪雨などによって自然災害につながることが懸念されている．また風力発電では，騒音や低周波音などによって，近隣住民への身体的影響やバードストライクによる鳥類への影響などが問題視され，バイオマス発電においても，燃料の不完全燃焼などを原因とした騒音や悪臭の発生などが一部の地域で問題となっている．

　近年，NIMBY（Not In My Back Yard）が注目されている．NIMBY とは，例えば，ごみ処理施設や福祉施設などに関して，社会にとって有益で必要な施設であることは理解するが，自分の家の近くには設置して欲しくない（自分の裏庭には止めてくれ）とする地域住民の主張や態度をさす．再生可能エネルギーの発電所においても，総論は賛成だが，自宅の近隣には立地して欲しくないという NIMBY 問題が顕在化しつつある．再生可能エネルギーの普及には，事業者と地域住民との対話を通じて，お互い共存共栄を図っていくという合意（コンセンサス）が求められている．

（近藤章夫）

※
1972 年に公刊されたローマクラブによる『成長の限界』では，有限な資源に対して継続的に人口増加と経済成長が続くと 100 年以内に地球の成長が限界に達するという結論が示された．

※
持続可能な発展や開発について，SDGs が掲げられている．SDGs については，第 11 章と第 15 章を参照．

※
NIMBY については，第 11 章でも扱っている．

4 農林水産業の立地と分布

1. 自然条件と人為的条件

FAO（国連食糧農業機関）の資料によれば，2018年の漁業・養殖業の生産量は世界全体で1億7,850万トン超であったが，その約46％が養殖業によるものとなっている。国別でみると，中国の生産量が圧倒的で，その他の上位もアジア諸国が並ぶ（図4-1）。このように，水産業は「とる」だけではなく「育ててとる」方法が広く行われている。そして，こうした「育ててとる」のは水産業に限ったことではなく，農業や林業でもみられることである。

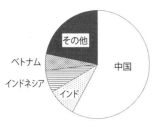

図 4-1　養殖業生産業の国別割合
（統計年：2016）（FAO）

自然の下で育った動植物を狩猟・採集する際，収穫物の地域性は必然的に自然条件に大きく影響を受ける。こうした場合もその地域の文化によって狩猟・採取の対象やその方法が変わるので，自然条件だけではなく人為的条件が影響する。そして，「育てる」側面が加わると，人為的条件の影響は一層大きくなる。そこにはその時々の経済状況や政治情勢，また様々な技術革新や食文化，またライフスタイルの変化といった点も絡んでくるだろう。

こうした自然条件と人為的条件の関係性を加味した農牧業分布を示した成果として著名なのが，ダウエント・ホイットルセーの農牧業地域区分図（図4-2）である（Whittlesey, 1936）。ホイットルセーは土壌や気候といった自然条件と，農牧の種類とその方法といった歴史的・社会的な条件から世界の農牧業地域を13に区分して提示した。1936年に発表された古典的分類ではあるが，世界スケールでの分布を大局的に理解するための図として，現在も一定の説明力を持っており，高等学校の教科書に（改良されて）掲載されることも多い。

※
農林水産業にかかわる自然条件は多岐にわたる.『自然地理学』各章を参照してほしい.

◿ 遊牧	▤ 粗放的定住農業	▦ プランテーション農業
▭ 企業的牧畜	▤ 自給的集約的稲作農業	▪ 地中海式農業
▱ 焼畑農業	▦ 自給的集約的畑作農業	▭ 企業的穀物農業
◪ 商業的混合農業	▪ 酪農	
◸ 自給的混合農業	▨ 園芸農業	

図 4-2　ホイットルセーの農牧業地域区分（Whittlesey 1936, をもとに作成）

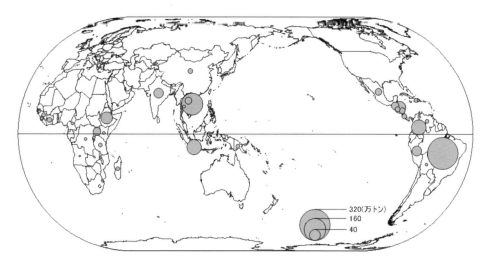

図4-3　主要コーヒー生産国の生産量（2018年）（FAO）

　ただ，この図を学ぶ際は，単なる分布図としてではなく，分布の要因や背景を考える素材としても利用したい。農牧業の分布は，地質や地形，気候といった条件，対象となる動植物の特徴，人間の歴史や文化，経済といった，様々な要素が組み合わさった結果だとわかると，理解がより深まるからである。多用な視点を総合する地理学の基本的思考方法を身に付けるきっかけとして最適な図の1つともいえる。

2. 生産地と消費地の非対称

　農産物や水産物，林産物は生産地と消費地が必ずしも一致していない場合がある。その典型がコーヒーやカカオ，茶といった嗜好品に加工される作物であり，フード・マイレージが大きくなる傾向がある。例えば，図4-3は2018年のコーヒー豆生産量が1万トン以上の国の生産量を示したものである。主要な生産地は低緯度を中心に南北回帰線の間にほぼ収まっているが，これはアフリカ東部を原産とするコーヒーノキの栽培適地が大きく関係している。

　ただ，アフリカのみならずアジアやラテンアメリカに生産地が拡大しているのは，イスラーム文化圏で始まったコーヒー飲用文化がヨーロッパに伝わって発展し，近代の植民地政策のなかで植民地へのプランテーション作物としてコーヒーノキ栽培を進めたからである。生産地の世界分布には，こうした歴史的理解も不可欠である。現在もプランテーション作物に依存したモノカルチャー経済となっている地域がみられる点も指摘しておこう。

　生産量上位10カ国の自国消費量を示した表4-1を見ると，インドネシアやメキシコなど50％を超える国もある一方で，ベトナムやホンジュラスなど10％未満の国も目立つ。こうした差異の背景にも歴史や文化が影響している。

※
図4-3に南北回帰線を引いてみよう。

※
フード・マイレージは食料の総輸送量・距離を示す指標であり，食の安全性や輸送にともなう環境負荷を論じるために用いられる。

表4-1　主要コーヒー豆生産国の自国消費率（2018/19年）

	国名	自国消費率（%）
1	ブラジル	35.4
2	ベトナム	8.7
3	コロンビア	12.9
4	インドネシア	51.0
5	エチオピア	48.9
6	ホンジュラス	5.1
7	インド	27.8
8	ウガンダ	5.3
9	メキシコ	56.3
10	ペルー	5.9

資料：ICO

> **コラム：農林業と土壌**
>
> 　土壌には気候（おもに降水量と蒸発量）に大きくかかわって分布する成帯土壌と，岩石や地形などにかかわり特定の地域に分布する間帯土壌に分類される．これを農林業に絡めてみてみよう．
>
> 　成帯土壌のうち，冷帯のポドゾルや熱帯のラトソルは，やせた土壌となるため農業には不向きで，タイガや熱帯林といった森林地帯となる．一方，半乾燥帯に広がるチェルノーゼム（ウクライナ付近）やプレーリー土（北アメリカ大陸）は肥沃な土壌なため，穀倉地帯となっている．
>
> 　間帯土壌のなかには，特定の農業に適した土壌がある．例えば，本文でも取り上げたコーヒーの一大生産地となっているブラジル高原には，テラローシャと呼ばれる玄武岩などが風化してできた水はけのよい肥沃な土壌が広がっている．テラローシャは「赤い土」というポルトガル語だが，イタリア語で「赤い土」を意味するテラロッサは，石灰岩の風化土を指す．地中海沿岸に広がるテラロッサはあまり肥沃ではないが，ブドウなどの果樹栽培に利用されている．

3．限界の克服

　農産物の生産地は植物生育に関する自然条件に左右されるが，人間はそうした限界を克服するよう，品種改良や生産技術の改良を行ってきた．例えば稲の品種改良の場合，ジャポニカ種は比較的寒さに強いとされるが，冷涼な北海道への稲作の本格導入は困難な時期が続いた．しかし，品種改良などの結果，次第に広範囲への導入・普及が実現していった．現在の品種改良には，味や品質の改良といった点も加わっており，北海道では「ゆめぴりか」や「ななつぼし」といった 2000 年以降に誕生した新品種が日本穀物検定協会の食味ランキングで「特 A」を獲得するようになっている．

　また生産技術の例では，北アフリカから中央アジアにかけての乾燥地域に発達した地下水路（地域によりカナート，フォガラ，カレーズなどと呼ばれる）がわかりやすい例だろう．同じ地下水利用でも，大規模で粗放的な農業の発達した北アメリカ大陸中央部のグレートプレーンズではセンターピボッドが発達した．衛星画像からもはっきりと確認できるほどの大規模な農業方式が導入されているが，その一方で地下水の枯渇など，地域環境への大きな負荷が問題となっている．

※
地下水利用の開発については第 11 章も参照のこと．

4．農地開発と森林環境

　20 世紀後半以降，地球環境の保護や持続可能な開発が強く叫ばれてきた．そうしたなかで非化石エネルギーとしてのバイオマスエネルギーが注目され，サトウキビやアブラヤシなどのエネルギー利用が注目されている．図 4-4 は 2018 年のアブラヤシ主要生産国の生産量を示したものである．もっとも多いインドネシアの場合，2000 年は約 700 万トンであったものが 2018 年には 4,000 万トンを超えるまでになり，急激に生産量が伸びたことが知られる．

　一方，その背後では広大な熱帯雨林の伐採が進み，2000 年から 2017 年までに北海道とほぼ同じ面積の森林面積が失われた．その主要な要因の 1 つにアブラヤシのプランテーション開発が挙げられている．持続可能な開発目標（SDGs：Sustainable Development Goals）の目的のなかで相反する結果がもたらされている事例といえるだ

※
環境問題については第 13 章も参照のこと．

ろう。

5. チューネンモデル

　次に，市場と生産地の関係からみた土地
利用の配置を考えよう。その際，古典的モ
デルとしてドイツの地理学者ヨハン・ハイ
ンリヒ・フォン・チューネンによる『孤立
国』（1826 年）の議論を押さえておく必要
がある。

　チューネンは，1 つの市場の周辺に広が
る農地の最適な利用配置を地代と輸送費
の影響という観点からモデル化しようと
試みた。このモデルのために準備したの

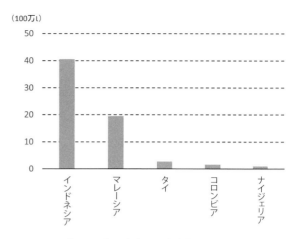

（100万ℓ）

図 4-4　アブラヤシ主要生産国の生産量（2018 年）（FAO）

が，単一の市場しかなく他地域との交流を持たない仮想の領域——孤立国——である。
孤立国内に起伏はなく農地の条件や市場へのアクセス条件もすべて均一という想定で
ある。この場合，市場に近ければ地代は高い。輸送費は市場との距離にかかわるが，
生産物の重さ・大きさなどでも変わる。生産者は市場で生産物を販売した額から地代
や輸送費を支払う必要があるが，そうしたなかで最大の利益を求める経済人であり，
そのために最適な農地利用を行う。

　こうしたチューネンのモデルを図化すると，次のようになる（図 4-5）。図の上半
分は基本モデルで，下半分は河川や小都市があった場合の応用モデルである。市場の
すぐそばは地代が高いが距離が短いため，青物野菜や果物，酪農などのように，鮮度
が求められ，高価格で取引される農産物を扱う自由式農業が成立する。

　次に林業地帯となる。材木や薪炭材は都市生活に不可欠だが，重量があり，輸送コ
ストがかさむ。そのために比較的近距離に立地する，というわけだ。

　小麦などの穀物はこの外側に来る。長期間保存でき，また林産物よりも軽いためで
ある。輪作の仕方や，家畜の放牧地や飼料（牧草）栽培との結びつき方によって，輪
栽式農業，穀草式農業，三圃式農業と分けられている。輪栽式は土地をより集約的に
利用しており，外側にいくにしたがって粗放的になる。

　そして最も外側には牧畜が置かれる。広大な敷地が必
要であることと，動物は重たいが，市場まで歩けるので
輸送費が安いためである。

　チューネンモデルはあくまでもモデルであり，現実世
界ではこうした単純な同心円構造にはならないことは言
うまでもない。ただ，チューネンモデルにある程度沿っ
て理解できる地域や状況があることも指摘されている。
また，フードシステムのモデルとして読み直すことで，
チューネンモデルの視角を現代的に応用する取組みもみ
られる。

※
ヨーロッパの農業
の歴史的展開は，
三圃式から輪栽式
へと展開するの
で，この土地利用
分布は歴史的な理
解と結びつけると
よい.

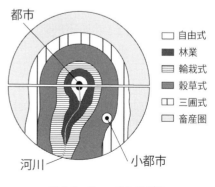

都市

□ 自由式
■ 林業
▤ 輪栽式
▨ 穀草式
▥ 三圃式
▤ 畜産圏

河川

小都市

図 4-5　チューネンモデル

6．都市周辺の農林産地の現在

　チューネンモデルも意識しつつ，日本の都市周辺の農林産地をみてみよう。

　現在，日本では年間を通じて多様な野菜が供給されており，促成栽培や寒冷地栽培といったように，地域の気候を活かして収穫時期をずらした栽培がみられる。一方，東京や大阪をはじめ，都市の近郊の園芸栽培地でも野菜が伝統的に栽培されてきた。そうした野菜のなかには，江戸野菜やなにわ野菜といったように，他にはない特徴を有したブランド野菜として付加価値がつけられて栽培，販売されるものもある。

　例えば京都では，壬生菜，九条ねぎ，賀茂なす，聖護院だいこんなど，京都近郊の地名と結びついた名称の京野菜がいくつもあり，京の食文化になくてはならない「おばんざい」や，京都土産の定番でもある漬け物の材料となっている。

　京都盆地の周辺山地は京都への薪炭材供給地であった。鞍馬や大原など，山間部集落から女性が薪炭を担いで京の町に売りに来ていた様子が，江戸時代の絵画資料にも残されている（図4-6）。材木産地としては京都北部山間地の北山杉が知られている。この地域には筏流しに適した河川がなく，材木産地としては不利であったが，丸太を磨き上げて床柱用の銘木に仕上げることで，京都の数寄屋建築の需要に応じた高付加価値の建築材供給地となった。また太さの求められない垂木材を生産することで，生産地の自然条件と京都との近接性という両方の条件に合わせた林業が展開した。

　このように，京都近郊の野菜産地や林産地はチューネンモデル的な観点からも説明可能な立地をしていたが，現在はそうした土地利用を明確に見出すことが難しくなってきている。例えば，京野菜のなかには都市域拡大の中で生産地が都市域に変わってしまい，野菜名に付いている地域ではもはや栽培されていないものもある。聖護院だいこんもその1つで，近代の都市化のなかで聖護院を含む岡崎地区は住宅街および文教地区となったため，聖護院だいこんはさらに郊外へと生産地を変化させている。また，エネルギー革命や木材自由化といった流れのなかで北部山間地の林業は衰退していった。

図4-6　『拾遺都名所図会』巻之三「炭竈里」
（日本国際文化センター所蔵）
山間地で生産された炭を京都に売りに行く様子.

7．グローバル時代の産地保護

　ゴルゴンゾーラ（チーズ）やテキーラ（蒸留酒）など，特定の地域の特産品に地域の名称が利用される例は世界中にみられる。こうした地理的表示（GI：Geographical Indications）は，現在，知的財産として保護の対象として認められるようになってきた。産地はGIと産品を結び付け，地域ブランドとして展開することで，産品の差別化・個性化を図り，産地としての活路を見出そうとしている。

　こうした動きの先駆的な地域はイタリアやフランスで，フランスの場合はAOC

（Appellation d'Origine Contrôlée）と呼ばれる生産地を含む品質保証の制度を 20 世紀前半から法的に整備してきた。ワインの場合，テロワール（地域の風土）を活かして個性的なブドウやワインを作っている（図 4-7）ことを AOC によって保証されることで，生産者側は高付加価値の製品とすることができる。ただし，AOC を得るためには厳しい審査に合格せねばならない。そのため，消費者側にとっても AOC が食の安全や嗜好選択の基準となる。

図 4-7　フランス・サンテミリオンのブドウ畑
小区画ごとの農地の特性に応じてブドウを栽培し，ワインを生産している．2018 年撮影．

　日本国内でも，2014 年に「特定農林水産物等の名称の保護に関する法律」（地理的表示法）が制定され，夕張メロンや但馬牛などが GI として登録されるようになっている。また，EU との経済連携協定（EPA：Economic Partnership Agreement）においても，GI の保護が定められるなど，自由貿易における商品の流動性の増加のなかでローカルな産地の個性が付加価値を持つものとしてとらえられている。

　このように，ローカルな産地が国内市場さらにはグローバル市場と直結している現在，産地の持つ個性を産地みずからが改めて考え直し，高め，そして磨くことで，個性を産品価値に結び付ける取り組みが重要となっている。

※
フランスのワイン生産は『地誌学』でも取り扱っている．

コラム：すしのグローバル化
　「すし」の起源は東南アジアと言われており，日本の専売特許ではない．ただ，江戸時代以降，「にぎりずし」をはじめとして日本独自のすし文化が定着していった．今や「すし」は和食を代表し，そしてカリフォルニア・ロールを筆頭に，海外で新たなすしの形が生まれるまでになっている．
　その一方，日本では，すしネタとなる水産物が世界各地から輸入されており，食卓上のグローバル化も進んでいる．『平成 29 年度　水産白書』によれば，2017 年に輸入された水産物輸入品目の上位はサケ・マス類，エビ，マグロ・カジキ類が占めており，その輸入相手国・地域は図 4-8 のようになっている．各品目の輸入元には地理的特徴がある．自然条件と同時に輸入元の経済状況，日本との関係などから考えてみよう．

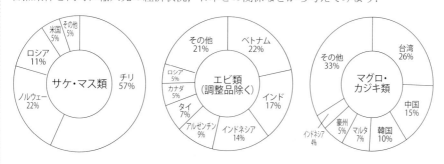

図 4-8　おもな水産資源の輸入相手国・地域（2017 年）
（資料：水産庁『平成 29 年度　水産白書』）

（上杉和央）

5　工業化と経済発展

1．現代経済と工業

※
一般に，工場制機械工業が発達すると，当該国で産業革命が起こったとされる．日本では19世紀末の日清戦争前後に工場制機械工業が中心となった．

※
第二次世界大戦後の大量生産体制を，フォード社の確立した生産システムになぞらえてフォーディズム（Fordism）ということがある．

※
景気循環は高校の政治経済でふれられる．景気循環のパターンでは，それぞれ提唱した学者の名前をとって，キチンの波（3〜4年の短期周期，設備投資の循環），ジュグラーの波（7〜12年の中期周期，設備投資の循環），クズネッツの波（15〜20年の周期，住宅建築循環），そして50年の長期周期のコンドラチェフの波がある．周期が長くなると名前の文字数も増えるので覚えやすい．

現代の産業経済は，18世紀の中頃からイギリスで勃興した産業革命を期に大きく発達した．自給的な手工業から工場制手工業（マニュファクチュア）を経て，大規模な資本による工場制機械工業へと移行し，イギリスが「世界の工場（Workshop of the World）」になるとともに，19世紀にはフランス，ドイツ，アメリカ，ロシアなどの欧米列強が続いた．日本でも明治期以降の殖産興業策に代表される産業政策によって急速に産業革命が進み，20世紀の経済システムの基盤がつくりあげられた．

20世紀初頭には工場制機械工業が拡大し，大量生産が行われるようになった．大量生産体制のはじまりは，アメリカの自動車メーカーであるフォード社がT型フォードと呼ばれる大衆車を量産した頃だとされる．T型フォード（図5-1）の生産はベルトコンベア方式とよばれる流れ作業で行われ，労働管理や部品の規格化などの点で現代の工業に大きな影響を与えた．

図5-1　フォード モデルT ツーリング
（1909年・アメリカ）
（画像提供：トヨタ博物館）

図5-2は主要国の工業付加価値額の推移を示したものである．1970年代以降には，先進国におけるこれまでの大量生産体制に変化がみられ，先進国の脱工業化と途上国の工業化キャッチアップなどが進んだが，付加価値額では依然としてアメリカや日本が中心であった．21世紀に入ると，中国が新たな「世界の工場（The World's Factory）」として存在感を増している．

また，産業革命以後の産業経済を俯瞰すると，その底流にはいくつかの大きな技術革新（イノベーション）がみられる．こうした技術革新の波は，短期・長期の景気循環にも作用する一方，「コンドラチェフの波」と呼ばれる約50周年の循環も観察されてきた．近年では，情報通信革命（ICT革命）が現代の産業経済に大きな影響を及ぼしており，ICTと連動したイノベーションが現代工業の重要なキーワードとなっている．

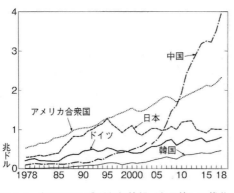

図5-2　主要国の工業付加価値額（名目値）の推移
（『日本国勢図会 2020 / 21年版』）

2．工業の分類

工業は技術集約度と資本集約度から分類される（図5-3）．一般に工業化とは，軽工業から重化学工業や機械工業など付加価値の高い部門に発展していくことをいう．

軽工業は資本集約度が低い労働集約的産業（labor-intensive industry）であり，重化学工業は資本集約的産業（capital-intensive industry）ともいわれる。伝統産業の多くは手工業的な技能が中心となるが，現代では職人の技などを「真正性」をもつものとして高い価値が認められることが多い。また，生産する財に応じて，消費財工業や生産財工業などに分類することもある。消費財では食品や衣類などの日用消費財と家電や車などの耐久消費財に分けられる。生産財はおもに素材や生産機械などが

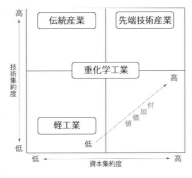

図5-3　工業の分類

あてはまる。ドイツの経済学者ヴァルター・ホフマンは工業が発展すると，消費財工業から投資財(生産財)工業へ移行すると主張した。これはホフマンの法則といわれる。

※
ホフマンの法則は，今日ではその妥当性は薄らいでいる。ただし，マザーマシンといわれる工作機械が工業国の技術水準を表すなど，投資財（生産財）が工業の高度化とかかわる点などは依然として意味をもつ。

3．工業の特性

農林水産業に比べると土地条件の制約が緩く，立地の自由度は高い。原材料や労働力などの入手と製品の出荷先

図5-4　分業のモデル

（市場）へのアクセスが重要になる。図5-4は分業のモデルを示したものである。現代の工業は多くが迂回生産となっており，複数かつ多段階の生産プロセスを経て製品化に至る。それぞれのプロセスは空間的に離れた場所で行われるため，地理学の視点から工業を理解することが肝要である。

※
分業モデルをより具体的にみていくと，それぞれのプロセスは企業間分業と企業内分業に分けられる。前者は部材や部品の取引関係や下請け関係，メーカーとサプライヤーの関係などを含み，後者は大企業における工場単位での製品別分業や工程間分業などがあてはまる。

4．ウェーバーの工業立地論

ドイツの経済学者，アルフレッド・ウェーバーはその著書『工業立地論』（1909年）のなかで工業立地をはじめて体系的に明らかにした。彼の理論で最も重要な概念の1つは立地因子である。立地因子とは，ある特定の地点で経済活動を行ったときに得られる利益（費用の節約）をいう。ウェーバーは，商品価格を一定として，輸送や労賃などにかかる費用を最も節約できる地点を選択するモデルを作った。工業立地論の分析は3段階となっている。まず輸送費が最も節約できる地点を導出し，次に輸送費からみた最適立地を偏倚（へんい）させる要因として労働力の因子を考慮に入れ，それらをふま

え個々の工場がある地域に集まることによって生じる集積の因子を考察した。

ここでは第1段階である輸送費指向から，市場と原料供給地の2点の間で工場がどこに立地すると最も費用が節約できるかを考えてみよう（図5-5）。

図中の端点から工場Pまでの線分の長さが輸送費を表している。まず，立地に

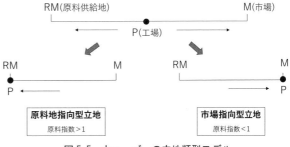

図5-5　ウェーバーの立地類型モデル

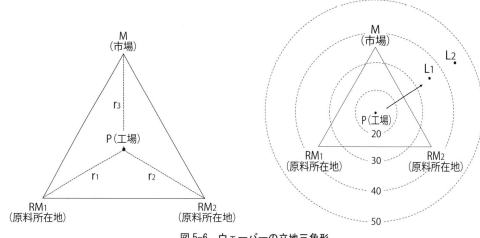

図 5-6　ウェーバーの立地三角形

❀

アルフレッド・ウェーバーは，ドイツ語読みに近いアルフレートとも記される．彼の実兄は著名な社会学者のマックス・ウェーバーで，兄弟ともに社会科学の事象を独自の視点で体系化した．

❀

経済産業省による統計上の分類では，基礎素材型産業，加工組立型産業，生活関連型産業の3類型が用いられている．

影響を与える原料について空間的分布の違いから普遍原料と局地原料に分けられる。普遍原料はどこでも入手可能であるため，普遍原料を用いる工業は市場指向型立地となる。問題は局地原料である。局地原料のうち，製造過程において重量が変わらない純粋原料と，原料よりも製品のほうが軽くなる重量減損原料に分けられる。こうした分類をふまえ，原料指数（MI：Material Index＝局地原料重量／製品重量）で考えると，原料指数＞1は重量減損原料であり，原料のほうが製品よりも重いので原料供給地に立地することが最も費用節約になる。原料指数＝1は原料と製品の輸送費に差がないので立地自由である。原料指数＜1は原料よりも製品の方が重くなる場合で，市場に立地するのが最も輸送費を最小にできる。原料地指向型には鉄鋼業やセメント工業，市場指向型にはビール・清涼飲料水があてはまる。

　図5-6の左図は原料供給地が2カ所になった場合で，ウェーバーの立地三角形といわれる。製品と両原料の重量を W_1，W_2，W_3 としてそれぞれの端点から工場Pまでの距離をrで示すと，$r_1W_1 + r_2W_2 + r_3W_3$ の値が最小となる地点が最適立地（輸送費最小）となる。右図は労働力の因子を考慮に入れたモデルである。Pの位置が最適立地点であり，そこからの同心円と数字はもしPが移転した場合の輸送費の増分を表している。同心円は等費用線といわれる。数字の単位は何でもかまわないが例えばドルを想定しよう。いま L_1 と L_2 において労働費がP点より安価で40ドル低いとする。すると，L_1 の地点は輸送費の増分40ドルの等費用線より内側にあるので，Pから L_1 に移転すると生産費（労働費＋輸送費）はP点より安くなる。これが先に述べた労働力因子による立地の偏倚である。なお，L_2 は輸送費の増分が40ドルを超えるので，移転すると生産費はP点より高くなる（ので立地は変化しない）。

5．日本の工業－拡大から縮小へ－

　図5-7は日本の製造業における就業者比率と事業所数の推移を示したものである。日本の工業を歴史的にみるときに，便宜的に3期に分けるとわかりやすい。

　Ⅰ期は高度経済成長期で，戦後復興を脱して重化学工業や機械工業が著しく成長し

た時期である。各地で港湾の整備や埋立地の造成が行われ，太平洋ベルト工業地帯が形成された。II期は1970年代から1990年代前半までの時期である。この時期は産業構造の転換と立地調整が進んだ。繊維産業が縮小して，自動車や電機などが主導産業となり，機械工業を中心に地方への工業分散が進んだ。円高による生産拠点の海外移転も本格化した。III期は日本の工業の縮小期である。地方の生産工場の閉鎖が進み，中小・零細企業の減少がみられ，産業の空洞化が問題となった。このように，日本の工業は量的には1990年頃をピークに縮小へと移行している。

図 5-7　日本の製造業の推移（『工業統計表』）

6．基礎素材型産業－鉄鋼業と石油化学産業－

　鉄鋼業は「産業のコメ」といわれ，かつては国力を表すとされた。日本では近代に入って，釜石や八幡の製鉄所が中心となって発達した。鉄鋼業の主原料は石炭と鉄鉱石であるが，かつては石炭を使用する割合が多く炭田立地型であった。戦後は海外の安価な鉄鉱石を利用するために臨海指向型立地として銑鋼一貫製鉄所が太平洋沿岸に建設された。

　石油化学産業も臨海指向型である（図 5-8）。両産業ともに資本集約的産業で，投下資本の累積額が巨額になるため，立地は固着的（フットタイト的）である。そのため，設備の廃棄や統合をともなう立地変化が生じる場合，大規模なスクラップアンドビルドとなり地元の地域経済に大きな影響を及ぼす。

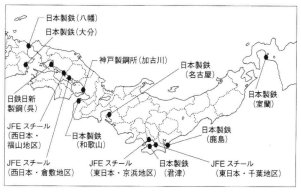

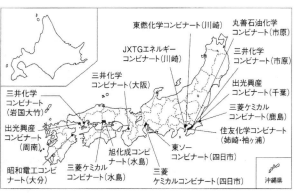

図 5-8　銑鋼一貫製鉄所と石油コンビナートの立地
（『日本国勢図会 2020 / 21 年版』）

※
大規模な設備をもつ工場は一般に長期間にわたって立地する傾向がある。北九州の日本製鉄の製鉄所は八幡製鉄所の歴史を引き継いでおり，工場の開設から約120年の歴史を有する.

※
石油化学コンビナートは，製鉄所と異なり，石油精製部門から化学品製造まで多くの企業が集積した形態である. ナフサを原料として企業の集合体がパイプラインでつながり，様々な製品を生産している. このような企業の集合体を工程結合（コンビナート）と呼ぶ.

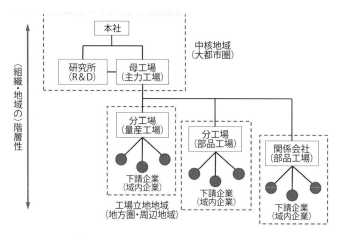

図5-9　電機メーカーによる階層的立地モデル

7．加工組立型産業－自動車・電機－

電機などの機械工業は1960年代後半以降，地方への工場展開が進み，図5-9の模式図のような階層的立地を形成した。大都市圏には本社や母工場，研究所などが立地し，その周辺地域や地方圏に分工場や関係会社が展開するモデルである。各地の工場立地の受け皿となったのは自治体が造成した工業団地であり，国土政策による地方の活性化と連動していた。この階層的立地は市場の成長期には有効であったが，成熟期あるいは衰退期に入ると，事業再構築（リストラクチャリング）のもと立地調整が進んで多くの工場が閉鎖となった。特に地方圏の分工場が立地している地域では負の影響が大きかった。これを分工場経済（branch plant economy）という。

自動車産業は電機と比べると依然として国際競争力を有しており，日本の基幹産業として国民経済および地域経済を支えている。近年の自動車生産は先進国だけでなく途上国でも行われるようになってきており，グローバルスケールで生産ネットワークが形成されている。

図5-10は自動車メーカーのグローバル化を示したものである。第1段階では，市場進出型として北米市場に進出し，労働力指向型として東南アジア（タイやインドネシア）へ進出した。後者の立地場所はおもに輸出加工区（EPZ）であり，現地で

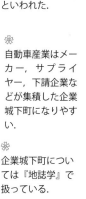

※ 鉄鋼業や石油化学産業では東日本と西日本にそれぞれ拠点を設けるケースが多いので，企業組織の観点からは市場分割型立地といわれた.

※ 自動車産業はメーカー，サプライヤー，下請企業などが集積した企業城下町になりやすい.

※ 企業城下町については『地誌学』で扱っている.

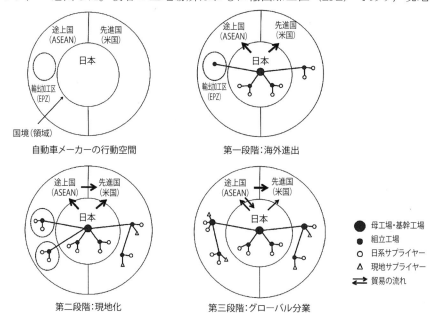

図5-10　自動車メーカーのグローバル展開モデル

ノックダウン（KD：Knock-down）方式で組み立てが行われる。第2段階では，自動車メーカーに付随して現地に立地した「系列」の部品サプライヤーが集積して現地調達率（ローカルコンテンツ）が上昇する。第3段階では日本的生産システムの現地適応が一層進む。現在は第2段階と第3段階の混合であり，それぞれの市場圏に応じた生産の現地化によるグローバルでの集積間競争につながっている。

8. 集積論とイノベーション

　現代の工業では研究開発のウェイトが上昇しており，企業内外の知識を結集する必要性が高まっている。集積（agglomeration）とは，ある一定の地理的な範囲に企業や工場が集まっていて相互に関連している状態をさす。今日，地域内外の資源や知識を有効に利活用してイノベーションを高める場所として，産業集積の態様に注目が集まっている。

> ※
> ノックダウン（KD）方式とは，部品または半完成品の状態で輸出し，現地で組み立てのみを行う生産・物流の方法である。

> ※
> 産業集積にはいくつかのタイプがある。地場産業や伝統産業の産地，企業城下町，分工場経済なども産業集積の一類型と考えることができる。

コラム：地場産業と産地

　日本には多くの地場産業があり，各地に産地を形成している（図5-10）。地場産業は，地元資本の中小・零細企業が中心となっておもに日用消費財を域内で生産している。地場産業に共通してみられる特徴には，①歴史的に古くから産地を形成している，②特定の地域に同一業種の中小・零細企業が集積している，③伝統的な技能に支えられた手工業的な工程がみられる，④生産・販売は産地卸（問屋）を中心とした「顔の見える」取引関係を特徴としている，⑤地域資源を活用した独自の「特産品」を生産している，⑥全国や海外市場へ出荷している，などがある。

　地場産業は1970年代以降，縮小傾向にあり，産地の存続に向けて厳しい状況が続いているところが多い。中小企業庁の産地概況調査によると，1981年の全国産地に立地する企業数は11万2,309社，従業者数は約105万人であったが，2005年には4万1,656社，従業者数は約38万人まで減少している。そのなかにあって，依然として活況をみせている産地や活性化に成功した産地もいくつかみられる。福井県鯖江の眼鏡産地は海外の高級ブランド向けなどの高機能メガネフレームを供給しており，世界三大眼鏡産地とも称される。愛媛県今治のタオル産地は著名なデザイナーのもとでブランディングを進め，高級タオル市場で足場を築くことに成功している。産地の生き残りには，特産品の価値を消費者にわかってもらうための仕掛けやマーケティング戦略が必要になってきている。

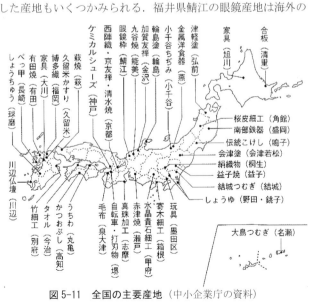

図5-11　全国の主要産地（中小企業庁の資料）

（近藤章夫）

6 流通と交易

1. 産業構造における商業の位置

　古来からの産業活動として，農業，工業，商業の二形態がみられた。商業は農業や工業で生産された財を交換する経済活動であり，市場での交換からスタートし，現代では様々な取引を含む広範な交易活動をさす。

　現代の産業分類では商業は第三次産業に分類される。図 6-1 は産業大分類別でみた15 歳以上就業者の割合の推移である。第一次産業の農林水産業，第二次産業の建設業と製造業は割合が低下している一方，第三次産業の就業者比率は上昇している。第三次産業のなかで，商業は最も就業者数が多くなっており，2015 年は卸売業と小売業合わせて就業者は約 900 万人であった。

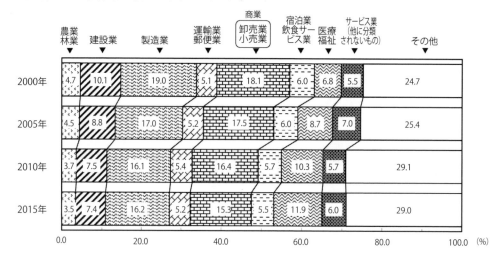

図 6-1　産業大分類別就業者の割合の推移 （『国勢調査』より作成）

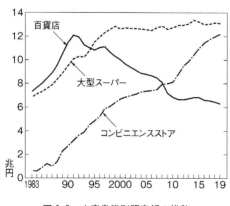

図 6-2　小売業態別販売額の推移
（『日本国勢図会 2020 / 21 年版』）

2. 小売業の業態と規模

　商業は流通業ともいわれ，大別すると，消費者に向けた小売業と業者向けの卸売業に分けられる。図 6-2 と図 6-3 は商業の業態別でみた販売額の規模と推移である。2018 年の商業販売額は約470 兆円超で，業者間の取引となる卸売業が約 7 割，小売業が約 3 割を占める。日本の消費財の流通では多段階流通が一般的であるため，卸売業の規模が大きくなっている。小売業の業態には様々なものがある。小売業の業態には，

※
コーリン・クラークは，経済発展につれて農業から工業，そして商業へシフトしていくというウィリアム・ペティの主張を複数の国のデータから論証した。この2 人の功績から，第三次産業へシフトしていく産業構造の高度化をペティ＝クラークの法則という。

※
生産者と消費者を結ぶ役割が流通である。通常，流通チャネルは複数の業者を介することが多く，消費者に直接販売するのは小売業，それ以外の流通業者は卸売業に属する。なお，広義の流通業には卸売業，小売業のほか，運輸（運送業・倉庫業）なども含まれる。

薬局や書店など，販売する商品によって分類する業態と，百貨店やスーパーのように商品の売り方によって分類する業態とがある。スーパーでは，最寄品を低価格で提供するために，効率的な販売方式が導入されるのが一般的である一方，買回品をおもに扱う百貨店では，店員が直に接客する対面販売が多く，店舗規模も大きくなる

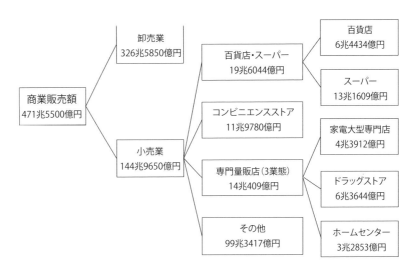

図 6-3　商業販売額の内訳（2018 年）（経済産業省『商業動態統計』より作成）

傾向がある。現代の小売業で最も店舗数の多いコンビニエンスストアでは，品揃え豊富な商品を狭い売り場で長時間販売することで，売り場面積当たりの販売額が大きくなっている。小売業の販売額では，スーパーとコンビニエンスストアの規模が大きく，百貨店やドラッグストアがそれに続く。百貨店は近年，撤退や閉店などが多くみられる一方，ドラッグストアの販売規模は増加している。

　小売業は業態ごとに立地が異なる。これは，業態によって利用する客層が異なることを反映したものであり，業態ごとで消費者の属性や商圏のサイズが違ってくる。購入頻度が少ない買回品を求める顧客が多い百貨店は，広範囲から集客する必要があるため，大都市のターミナル駅周辺に集積する傾向がある。都市の規模でいえば，人口 20 万から 30 万以上の中核都市以上に相当する。これに対して，飲食料品や日用品を求める近隣の客が頻繁に訪れるコンビニエンスストアは店舗面積が小さいこともあり，住宅地など多様な場所に立地している。商圏の広さはせいぜい街区スケールであり，人口密度の高い市街地では道路沿いに 100 m 間隔でコンビニエンスストアが競合するケースもみられる。また，自家用車の利用客が多いスーパーやショッピングセンターなどでは，車でのアクセスが容易で，広い駐車場が確保できる郊外のロードサイドに数多く立地している。こうした業態のバラエティは，消費行動の違いから生じたものである一方，時代によって消費行動を支える様々な社会的変化を映したものである。

3．小売業の業態の変化

　かつて商圏は生活圏と重なり，市場（いちば）を中心に街がつくられていた時代では商業はそれぞれの地域のにぎわいを支えてきた。今日でも街の中心に商店街が残り，中心商店街として地域の交易の場所となっているところも多い。古くからの商店街に対して，新たな業態として誕生したのがスーパーであった。日本初のスーパーは 1953 年に東

※
財（商品）の種類によって商圏（財の到達範囲）は異なるが，商圏の違いから中心地の階層性を演繹的に導出したのがウォルター・クリスタラーである。クリスタラーの中心地理論については第 9 章を参照のこと。

※
ダイエーは全国チェーンの総合スーパーを初めて展開した企業として知られる。その創業者の中内功は当時，日本の流通王といわれた。ダイエーは最盛期に店舗数約 360 店，売上高 2 兆 6,000 億円規模の全国チェーンであったが，その後経営不振となり，現在はイオン傘下となっている。

京の青山で開業した紀ノ国屋だといわれるが，本格的に普及するのはダイエーが開業した1957年以降である。スーパーの特徴は，大量の仕入れによる安価な販売，豊富な品揃え，セルフサービス方式などがあげられる。1960年代にはスーパーの台頭によって，大規模小売店舗の増大，集中管理と系列化，消費者のニーズに合わせたマーケティングの発達などがみられ，「流通革命」と呼ばれた。

スーパーはその後，食品以外にも，衣料品や家電など生活に必要なものを総合的に扱う総合スーパー（GMS：General Merchandise Store）も増えてきている。また，家電大型専門店，ホームセンター，ドラッグストアなどはカテゴリーキラーと呼ばれ，特定の商品分野に特化し，品揃えとリーズナブルな価格で勝負している。

4．モータリゼーションと郊外化

スーパーの台頭とともに，こうした生活と密着した商業が大きく変容するのは車が普及した以降のことである。先進国のなかでいちはやく車社会に移行し，最もモータ

図6-4　シャッター通りとなった商店街
（2016年撮影）

リゼーションが進展しているアメリカでは，1950年代後半から都市郊外の幹線道路沿いに大規模なショッピングセンター（SC：Shopping Center）が数多く出現した。こうしたショッピングセンターには，車による来店を前提として大型駐車場が整備されており，休日には近隣の自治体からたくさんの消費者が集まってくる。また大型店を核として，多くの専門店や映画館，レストランなどが複合的に集積していることもSCの特徴である。モータリゼーションによってこうした業態が中心になると，毎日近くの小売店から日用品を購入する消費行動のスタイルから，休日に大量の食料品を買いだめるワンストップショッピングの行動へとシフトすることとなった。

日本では，大規模小売店舗法（大店法）による規制の影響などもあり，1980年代の中ごろまで郊外での大型店の出店は少なく，その多くは駅周辺などの中心市街地に立地していた。しかし，1980年代になると規制緩和が進んだことで，大型店の郊外化が進んだ。例えば大都市圏郊外や地方中核都市などでは，食料品，家電，衣料品などの業種を中心に，郊外の幹線道路沿いに大型店の出店が相次いだ。これによって，郊外に新しい商業集積が形成され，売上が伸びた一方，古くから市街地の中心で生活圏を支えてきた商店街の衰退が全国的な問題になっている。

5．コンビニエンスストアと流通の変化

現代のライフスタイルを支えるのはコンビニエンスストアといっても過言ではない。1970年代に日本に初めて登場し，スーパー以上に日本の商業と流通に大きなインパクトを与えた。コンビニエンスストアの経営は，本部となる企業が，商標を使う権利や経営のノウハウを加盟店に提供し，加盟店は対価として本部に利益の一部を支払うフランチャイズ契約によって成立している。セブン - イレブンやローソンといっ

※
近年，ショッピングセンターと同じく複合型商業施設で大規模なものをショッピングモールと呼ぶケースがある。その違いははっきりしていないが，遊歩道や公園などが併設されていて，空間的にデザインされた商業施設をモールと呼ぶことが多い。

表6 1　大手コンビニチェ　ンの概要

	国内店舗数	海外店舗数	全店売上高	全店平均日販
セブン‐イレブン	20,955	49,219	50,102 億円	65.6 万円
ローソン	14,444	2,918	25,069 億円	53.5 万円
ファミリーマート	16,611	7,952	29,650 億円	52.8 万円
ミニストップ	1,997	3,353	3,140 億円	42.6 万円

『会社四季報　業界地図 2021 年版』東洋経済新報社より

た企業は，このフランチャイズ契約により加盟店を増やすことで，1980 年代以降，全国的に店舗数を拡大させてきた（図 6-2）。コンビニチェーンの急成長には，単身世帯の増加や女性の社会進出によって，弁当を購入して自宅で食べる生活スタイルが普及するなど，日本人のライフスタイルの多様化が大きく関係している。

　また，コンビニエンスストアが急伸した背景には，新しい経営手法の導入があった。店舗が小さいコンビニエンスストアは，在庫をもたないにもかかわらず，一般的な店舗では約 3,000 品目といわれる商品が毎日品切れすることなく陳列している。こうした経営を可能にしているのが，販売されたと同時に商品のデータを処理する POS（Point of Sales）システム（販売時点情報管理システム）である。データは次の発注や売れ筋商品の把握に利用されて効率的なマーケティングが進められるとともに，多頻度少量輸送の物流システムと結びついて，商品の効率的な配送を実現している。

6. 商業の変化，新しい方向

　人びとの消費行動も時代によって変化してきている。働く人が増え，都会生活が主流になると店舗で消費をするだけでなく，通信販売やインターネットを通じた商品の購入が増えている。このような在宅での消費行動を支えているのが宅配便の普及である。比較的小さな荷物の戸口輸送を特徴とする宅配便のサービスは 1970 年代にはじまり，おもな取次窓口であるコンビニエンスストアの店舗数の拡大に合わせるように，1980 年代以降，輸送量が急増した。その後，配送時間帯の指定などのサービスにより，利便性も向上した。さらに，インターネットによる通信販売の利用が広がったことで，郵便小包とともに，宅配便の需要はさらに拡大している。

　インターネットを通じた取引は電子商取引といわれ，コンピュータネットワークを通じて，商品やサービスを受注・発注・決済する取引形態のことである。電子商取引は当初，BtoB で導入が進んだが，その後，楽天や Amazon，ヤフオクやメルカリなどの成長によって，BtoC，CtoC の領域で急速に増えている。こうした取引には，商品の陳列や在庫の置き場所などの制約を受けずに売買が可能となり，出店や流通にかかるコストが下がるというメリットがある。消費者情報の保護や取引の安全性など，電子商取引には特有の問題も顕在化しているが，従来の流通チャネルとは異なるインターネットを介した新たな商取引が急速に発達している。

※ コンビニの立地戦略は人や車の流れや周辺の環境など局所的な視点が欠かせない．他方，一定地域に複数店舗をかまえることで，配送効率を上げてエリア全体の売上向上を目指す立地戦略もある．こうしたエリアマーケティングの視点で店舗を配置することをドミナント戦略という．ドミナント戦略では，商圏人口の分析などで GIS が活用されている．身の回りのコンビニ立地でドミナント戦略がとられているかどうか考えてみよう．

※ コンビニでは近年，PB（プライベートブランド）商品の割合が上昇している．PB 商品は従来の流通チャネルよりも簡素になりやすいので，中間マージンの削減や戦略的な価格設定がしやすくなるメリットがある．PB 商品の対義語は NB（ナショナルブランド）商品である．

※ BtoB は Business to Business で 企業間を意味する．BtoC は Business to Consumer となる．

展開：ユニクロと SPA

　ユニクロはファーストリテイリングが展開する人気のアパレルブランドである．国内だけでなく，中国などを中心に東アジアや東南アジアにも店舗を構え，ニューヨークやパリには旗艦店が立地するまでに成長した．ユニクロが採用しているビジネスモデルは SPA といわれる．SPA は Specialty store retailer of Private label Apparel の略で，もともとはアメリカ衣料大手 GAP の創業者のフィッシャー氏による造語である．日本語では「製造小売り」と訳され，商品の企画・開発，物流，在庫管理や販売までの工程を自社で管理するビジネスモデルをいう．生産は海外の協力工場に委託するケースが多い．

　図 6-5 は従来のモデルと SPA のモデルの比較である．アパレル業界の従来のモデルでは，生産工場から消費者までにアパレルメーカーや商社，小売店などが介在する多段階流通が主であった．SPA では小売企業が生産工場に直接発注して，その商品を店舗で販売する形態となる．SPA モデルの強みは，流通チャネルを簡素化することで，消費者が求めているニーズを受け止めて，そのニーズに合わせて衣料品のデザインを迅速に展開できる点にある．従来の多段階流通であれば，メーカー，卸，小売業という段階的な取引のなかで利益が拡散し，商品の価格も高くなりやすい．SPA では，商品の企画，製造，物流，販売のすべてを総合的に管理するため，戦略的な価格設定ができ，収益もあげやすい．ユニクロ以外にも SPA モデルを採用している企業が増えているので探してみよう．

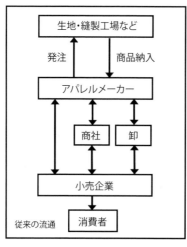 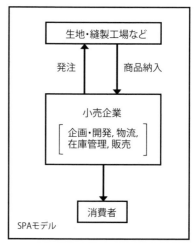

図 6-5　従来の流通（左）と SPA モデル（右）の違い

---

7. 現代商業を支えるグローバルな貿易

　我々の身の回りにある消費財の多くが外国産になってきている．食品や衣類，雑貨や家電など，ほとんどのジャンルで国産よりも外国産が多いことに気づくだろう．現代はグローバル化の時代といわれて久しいが，商業においても貿易を通じて世界各地の消費財が結びついている．

　20 世紀半ば以降，世界の貿易は増加の一途をたどってきた．1980 年に世界の貿易額の総額は 10 兆ドルであったが，2000 年には 30 兆ドルを超え，2018 年には約 80 兆ドルになった．図 6-6 は日本のおもな貿易相手国であり，日本との輸出入合計が 5,000 億円以上の相手国である．中国とアメリカが二大相手国であるが，アジアやヨーロッパなど幅広い国々と貿易をしているのがわかる．かつては先進国との間では水平貿易，

※
世界の港湾別コンテナ取扱個数のランキングでは，1980 年の 1 位はニューヨーク，2 位ロッテルダム，3 位香港であった．日本の神戸が 4 位，横浜が 13 位であった．2018 年では，1 位上海，2 位シンガポールあり，日本の港湾は 27 位の東京が最高位で，横浜 58 位，神戸 64 位であった．

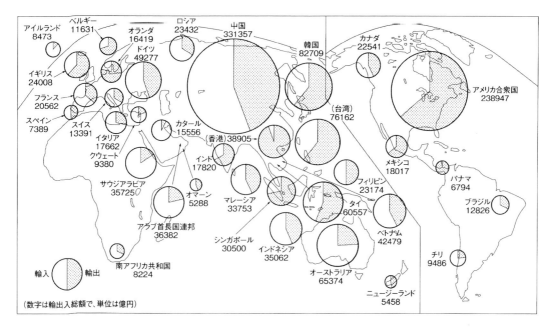

図 6-6　日本の主要貿易国（『日本国勢図会 2020 / 21 年版』）

途上国との間では垂直貿易が主であったが，貿易構造も複雑になっており，商流が多角化かつグローバル化している。そのなかで，海上輸送の結節点である港湾の世界ランキングをみると興味深い。かつては先進国の港が上位を占めており，日本の港も上位にランキングされていたが，近年は中国を中心にアジアの港が上位にある。世界の流通においてアジアが中心になってきていることが読み取れる。

　日本は豊かになって，我々の周りには多くのモノがあふれている。それらがどのような場所を経て，どのような手段で運ばれてきたのかについて地理的想像力を働かせてみると，身近なモノからグルーバル化を実感できるだろう。

コラム：スエズ運河とパナマ運河

　世界の貿易を支える海上輸送では，スエズ運河とパナマ運河の役割が大きい。スエズ運河はフランス人のレセップスが主導して 1869 年に開通し，パナマ運河はアメリカの建設で 1914 年に開通した。両運河が開通する以前は，ヨーロッパとアジアの航路はアフリカ大陸の南端を回るルートであり，大西洋と太平洋を結ぶ航路は南米大陸のマゼラン海峡を通るルートであった。両運河の開通後は大幅に輸送日数が短縮された。

　世界の貿易量が増えるにつれて通行する船舶も増加して，両運河の混雑が常態化するようになった。特にパナマ運河は高度差のある閘門式運河で，通行できる船舶の幅が決まっている。そのため，パナマ運河の幅が 1 つの基準となって大型船が建造されてきた（通行可能な船舶で最大のものをパナマックス級という）。こうした両運河が海上輸送のボトルネックになっている現状を解消すべく，スエズ運河では 2015 年に複線化して新スエズ運河が開通し，パナマ運河では従来の幅 32.3 m から 49 m にまで拡張する工事が行われ，2016 年からポストパナマックス級といわれる大型船の通航が可能となった。両運河も世界の貿易拡大に合わせて変化しているのである。

（近藤章夫）

※
港は人やモノの流通における結節点であり，運河はそれらをつなぐ役割を果たす。次章のネットワークの視点からも港や運河の役割を考えてみよう。

7　ネットワークと社会

1．ネットワークからみわたす

　現代はネットワーク化の時代といわれる。そもそもネットワークはノード（結節点）とリンクからなる形状をさす。例えば町や村をノードとしてそれらを結ぶ道がリンクとするならば，地域は1つのネットワークであり，地域と地域が道によってつながることでさらにネットワークが広がっていく。そのような見方をとれば，我々の社会は古代から現代までネットワーク化が進んできたともいえるし，ネットワークの視点から社会を見ることが不可欠であるともいえる。この章では，時代を通じてネットワークの形成やその背景を考察することで，ネットワークの特徴やその含意をみていく。

2．文化の回廊

　地球上は均質でなく，自然条件や歴史的背景のもとで異なる文化，異なる社会が展開した。当然，異なる場所で生み出される産物や技術は異なるため，交換システムが発生する。海辺と山地，農村と都市といったレベルでの交換はもちろんのこと，大陸内や大陸間といった遠距離の交換も古くから発達してきた。

　大陸横断的な規模の交易路の代表例としてシルクロードを挙げよう。シルクロードには，インド洋や南シナ海，東シナ海を利用する「海の道」，タクラマカン砂漠などの乾燥地帯を結んだ「オアシスの道」，そしてさらに北のステップ地帯を利用する「草原の道」といったように，いくつものルートがあった。ユーラシア大陸の東西を結ぶ網の目のような交易路，それがシルクロードの実態である。そのなかでオアシスや港湾といった地点がノードとなり，中継地の役割を担った。そして異なる自然，異なる文化を有する地域間を様々な産品が運ばれ，交換されていった。

　大陸間のネットワークには海洋ルートが重要な役割を果たした。17世紀以降，イギリスと西アフリカ沿岸，そしてカリブ海沿岸域とを結ぶ形で展開した，いわゆる三角貿易もその1つである。図7-1のような産品や人（奴隷）の移動の痕跡は，現在もなお三角形の頂点にあたる各地の文化や社会のなかに色濃くみえる。自然条件の面から見ると，航路はそれぞれカナリア海流，北赤道海流，メキシコ湾流・北大西洋海流にほぼ沿っていることがわかる。内燃機関の動力源を持たなかった時代，航海にはこうした自然条件を効率よく利用することが必要であった。

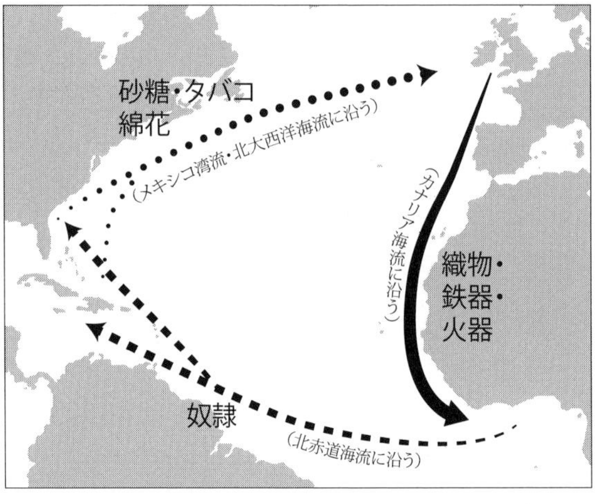

※
シルクロードは，ドイツの地理学者フェルディナント・フォン・リヒトホーフェンがその名付け親である．

※
海流のメカニズムについては『自然地理学』第10章で触れている．

砂糖・タバコ綿花

（メキシコ湾流・北大西洋海流に沿う）

（カナリア海流に沿う）

織物・鉄器・火器

奴隷

（北赤道海流に沿う）

図7-1　三角貿易の概略図

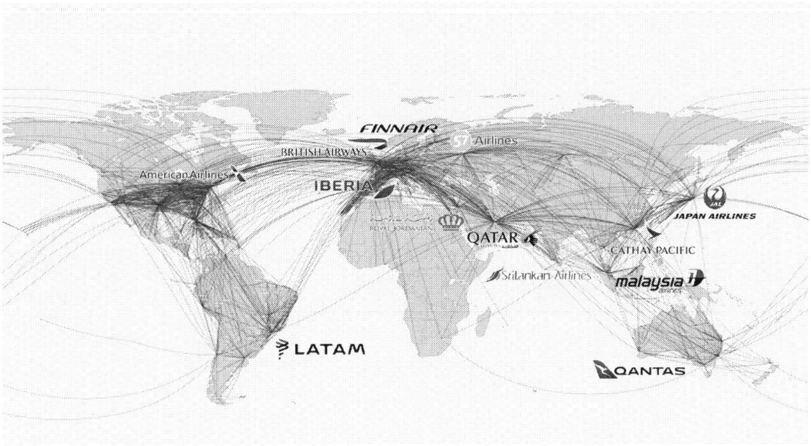

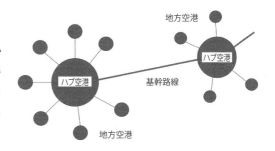

図 7-2　「ワンワールド」の国際便ネットワーク（JAL HP）

❊
飛行機が西向きよ
りも東向きのほう
が速く飛べるの
は，偏西風（の上
空にあるジェット
気流）と関係し
ている．風のメカ
ニズムについては
『自然地理学』第
7 章を参考にして
ほしい．

3．交通網の発達と現代

　近代以降，蒸気機関が発明されて，馬車か
ら機関車へ，そして自動車の利用へと交通手
段が発達してきた．鉄道や道路が整備される
と，人々の行動範囲は広がり，地域間の交易
も活発になっていく．

　さらに 20 世紀に入ると，それまでの海路や
陸路に空路も加わり，世界各地の拠点が飛行

図 7-3　ハブ・アンド・スポーク型ネットワーク

機でつながることで，人やモノの流動性が一層あがっていった．1912 年の当時，世
界最大の客船であり，後に最も有名な沈没船となるタイタニック号は，イギリスのサ
ウサンプトンからアメリカのニューヨークまで 6 日間の航海を予定していた．いまで
はサウサンプトンからロンドンのヒースロー空港まで高速道路を使って車で 1 時間，
ヒースローからニューヨークまでは飛行機で 8 時間弱もあれば到着する．また，かつ
てポルトガルのフェルディナンド・マゼラン率いた探検隊は 3 年かけて世界一周を達
成したが，いまでは飛行機で 1 日あれば地球を一周できる．地球規模での航空網の発
達は，世界を高速のネットワークでつなげたのである（図 7-2）．

　1980 年代以降，航空網は各地からの路線が集約する拠点空港を中心としたネット
ワーク構造になっていった．車輪の中心のハブにスポークが集まっているようにみえ
ることから，こうした航空網を「ハブ・アンド・スポーク」型ネットワークと呼び，
拠点空港はハブ空港といわれる（図 7-3）．国際ハブ空港を有する都市には，人やモノ，
情報が集まるため，グローバル都市として拠点性をもつとともに，それらの都市をノー
ドとした各地へのリンクによって，都市・地域の階層性が一層明確になったといえる．

❊
代表的な国際ハブ
空港は，ニュー
ヨークのジョン・
F・ケネディ空港，
本文中でも述べた
ロンドンのヒース
ロー空港，パリの
シャルル・ド・ゴー
ル空港，アジアで
はシンガポールの
チャンギ空港，韓
国のインチョン空
港などがあげられ
る．

4．企業行動でつながる・結びつく世界

　財やサービスの移動は時代を経て広範囲になってきている．特に現代では，国や地
域を越えてまたがった企業行動によって世界がつながり，結びついているともいえる．

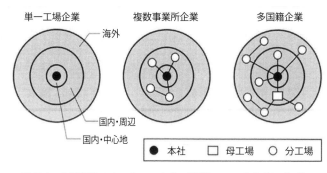

図 7-4　企業行動のネットワーク化（近藤 2013，をもとに作成）

そうした企業行動を見せる典型が多国籍企業である。

多国籍企業は国内から海外にまでネットワークを広げ，世界的視野に立って事業展開を行っている（図 7-4）。そのため強い競争力を持ち，国際貿易や各国・地域の経済発展にも大きな影響を及ぼしている。世界経済において多国籍企業が顕著となってきたのは 1960 年代以降であるが，現代では一企業の売上高が中堅国の国内総生産額を上回るなど国家規模を超えた企業もでてきている。

　多国籍企業は，利潤を求めて企業内での最適な分業体制をとる。日本の大企業も多くは多国籍企業であり，積極的な海外展開を行っている。経済のグローバル化が進むにつれて，世界の直接投資額も増加している。一般的に先進国では，自国への直接投資受入れ額よりも他国への直接投資額が多く，発展途上国では直接投資受入れ額が多くなる傾向にある。これらの直接投資の増加によって，企業活動のグローバル化が進み，その帰結としてヒト・モノ・マネー・情報のネットワーク化が進んでいる。

※
企業活動にはヒト，モノ，カネが常にかかわる。ある地域へ直接投資を行うことで，資金が動き，原材料や製品などの流通が発生し，ヒトの移動がおこる。こうして企業のネットワークが広がり，地域と地域が結びついていく。いまや日本企業は 150 カ国以上に直接投資を行っており，それらの国と経済で結びついているといえる。

※
クリスタラーの中心地理論は第 9 章でも扱っている。

5．都市間ネットワーク

　企業行動の地理的展開は，都市の階層や都市システムと連動することが知られている。一般に，管理機能である本社，支社，支店などはそれぞれの組織的位置に応じて，上位都市から下位都市に階層的に立地する。日本では，中枢管理機能である本社は東京大都市圏に集中し，支社は名古屋や大阪などの大都市圏に多く立地した。支店は地域ブロックごとで配置されることが多かったため，広域中心都市あるいは地方中枢都市といわれる「札仙広福」（札幌，仙台，広島，福岡）に集積し，これら四都市は支店経済都市と呼ばれた。このように，企業の組織的な事業所配置は都市の階層とかかわっており，クリスタラーの中心地理論を援用した都市間システム論においても重要な要因であった。

　クリスタラー型都市システムが財・サービスの到達範囲から階層性を説明している

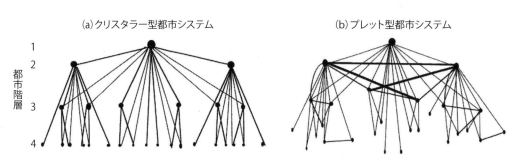

図 7-5　都市システムとネットワーク（須田 2003，をもとに作成）

のに対し，情報が空間的に伝播していく際のメカニズムを考慮したのがプレッド型都市システムである（図7-5）。プレッド型が従来の階層モデルと比べて重要なのは，管理機能が情報の収集・加工・発信とかかわる機能であり，かつ情報通信社会や知識基盤社会といわれる現代において情報のもつ意味が相対的に大きくなっているからである。クリスタラー型では垂直的方向によって階層性をとらえているが，プレッド型では企業相互間あるいは事業所間の情報の移動を説明しようとしており，高次都市間の相互作用として水平的移動経路が加わる。都市や地域間のつながりをネットワークととらえたとき，現実では垂直的方向と水平的方向のそれぞれのネットワークが混在している点は留意すべき勘所であろう。

6. 感染症とネットワークとの関係

　感染症の広がりはネットワークと深く関わっている。古くは，エジプトで発掘されたミイラから痘瘡（天然痘）に感染した痕がみられ，古代文明においても感染症が脅威であったことが明らかとなっている。もともと人類の誕生以前からウイルスや細菌は地球上に存在していた。人類が誕生して以来，自然を利用・改変して文明を築いてきた歴史は，未知のウイルスや細菌との邂逅の歴史でもあり，すなわち人の移動と定住のあり方が感染症と深く関わってきたといえる。

　世界史においてもっとも有名な感染症は黒死病と呼ばれたペストである。14世紀にヨーロッパにおいて猛威をふるい，爆発的に感染が蔓延して人口の3分の1が死亡したといわれる。従来の感染症は局所的な発生だったと考えられるが，交易路の広がりとともに感染症の影響範囲も広がったのである。さらに広範囲にわたって影響した感染症はスペイン風邪である。スペイン風邪は20世紀に入って世界に深刻な影響を及ぼした感染症であり，世界中で5億人以上の者が感染したといわれる。ちょうど第一次世界大戦の時期であり，欧米列強がアジアやアフリカに進出して植民地を広げていたことから，世界各地が交易と人の移動でつながっていたため，スペイン風邪は世界中に広がった。1918年から2年ほど続いたこのパンデミックの影響で，第一次世界大戦の終結が早まったとされる。

　一方，18世紀以降，医学や化学の進歩にともない，病原菌が特定されるようになると，ワクチンの開発や抗生物質の発見によって，感染症の予防や治療方法が著しく進展した。第二次世界大戦後は先進国を中心に医療制度が整えられてワクチンの接種率が上昇すると，感染症の脅威も小さくなっていった。1980年には世界保健機関（WHO）による天然痘の根絶宣言が出され，かつてのスペイン風邪を引き起こしたA型インフルエンザウイルスに対しては予防接種が可能になるなど，一時は感染症の世界規模での拡大の脅威はなくなったように思われていた。

　しかし，その後もHIV（ヒト免疫不全ウイルス）やエボラウイルスが見つかるなど，新たな感染症が出てきている。これらは新興感染症といわれ，森林伐採や資源採掘などによって宿主であったチンパンジーやコウモリなどと人類が接触することによってもたらされた。新興感染症はネットワーク化される世界と連動した感染ルート，そして感染の広がりの高速化などを特徴としている。同様に，2003年には重症急性呼吸

※
直接投資とは，投資先の事業を継続的に経営参加することを目的とする投資をいう。海外子会社の設立，既存外国企業の買収及び出資などの形態をとる。それに対して，間接投資とは，株式市場や債券などに投資して利子や配当などを得ることを目的とする投資をいう。これらの投資によって，世界がつながり，結びついていく。

※
感染症は伝染病とほぼ同義で用いられる。文脈によっては，病原体が宿主（動物や人間）から宿主へ移り，次々と疾患が発生する状態を伝染病と呼び，非伝染性感染症と区別することがある。

48

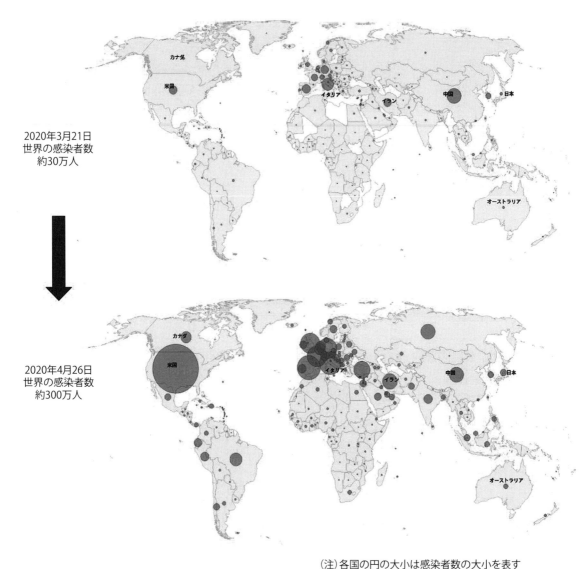

2020年3月21日
世界の感染者数
約30万人

2020年4月26日
世界の感染者数
約300万人

(注)各国の円の大小は感染者数の大小を表す

図7-6　新型コロナウイルスの初期の感染拡大（REUTERS GRAPHICS，原典：John Hopkins University）

器症候群（SARS），2012年には中東呼吸器症候群（MERS），2019年末には新型コロ
ナウイルス感染症（COVID-19）が出現し，動物由来のウイルスが人類の生存を脅か
すこととなった（図7-6）。

　現代の感染症の脅威は，健康面のみならず，局所的なものが一気にグローバルへと
広がる怖さをともなっている。これはまさに人の移動がグローバルになっていること
を表し，都市間ネットワークがグローバルに密になってきていることと深く関係して
いる。社会や経済のグローバル化は，感染症からするとリスクになるのである。

　新型コロナウイルス感染症では，当初中国の武漢で局所的に確認された。武漢はも
ともと中国の平原における要衝であり，現代では交通ネットワークのハブにあたる大
都市である。その後，近隣の韓国や日本へ，そして中国人の主要な渡航先であるイタ

リアをはじめとするヨーロッパやアメリカへと 1〜2 カ月の間に広がっていった。新型コロナウイルス感染症は皮肉にも，現代社会のグローバルなネットワークの写し鏡のごとくパンデミックになったといえる。

コラム：リアルとバーチャルの往来

　インターネットの普及は，遠隔地どうしを取り結ぶ方法を大きく変えるようになっている。例えば，近年広がりを見せるクラウド・ファンディングは，ある事業や計画に対してデジタル空間を通じて情報を知った個人が物理的距離を越えて応援する仕組みである。いわゆる「ふるさと納税」もそうした側面を持っている。実際に現地を訪れる交流人口だけでなく，様々なレベルで地域と関係を取り結ぶ関係人口が注目される背景にも，こうしたデジタル空間を介した新たな結びつきがある。

　また，近年では AR（Augmented Reality：拡張現実）や VR（Virtual Rreality：仮想現実）の技術を利用して，リアルとバーチャルが結びついた新たな空間が展開するようになった。こうした技術革新を積極的に取り込んでいるのがゲームの世界だ。2016 年に発売された「ポケモン GO」は AR と GPS（Global Positioning System：全地球測位システム）を組み合わせたゲームアプリの代表格で，世界中でブームを巻き起こした。プレイヤーはゲームをするために外に出て，拡張された世界に潜むポケットモンスターを探したり，バトルをしたりしていく。名所や観光地など，現実世界で有名な場所と連動していることもあり，ゲームのフィールドはリアルにかかわりながら存在していることになる。

　アニメやゲームのなかで利用された場所に，そのファンが訪れる「聖地巡礼」も頻繁に見られるようになった。ポケモン GO は目的地そのものを探し求めていく探検型の行動だが，アニメなどの「聖地巡礼」は目的地がはっきりとしている観光行動である。映画やテレビドラマのロケ地巡りは従前からあった行動だが，実際の場所の映像ではなく，アニメなどに表現された場所とリアルな場所とがつなげられている点が異なる。いわば 2 次元と 3 次元との結びつきであり，やはりリアルな現実世界が拡張されている。「聖地」に赴く際にアニメやゲームの登場人物の服装などをすることで，リアル世界のなかに作品の世界観を現出させるのは，その 1 つだろう（図 7-7）。特定の素材に依拠したツーリズムをコンテンツツーリズムと呼ぶが，こうした「聖地巡礼」はその典型に位置づけられている。

　こうした聖地巡礼の観光行動を利用して，地域活性化につなげようとする動きもある。近年，マンガを原作とするアニメ『鬼滅の刃』が大ヒットし，いくつもの「聖地」が誕生したが，そうした場所では巡礼記念となるような関連グッズや土産物が考案，販売された。その場でしか買えないというプライオリティは，観光行動にともなう消費のなかで重要な要素となる。

図 7-7　「聖地巡礼」の例（提供：NPO MCA）
ソーシャルゲーム「艦隊これくしょん－艦これ－」のコスプレイヤーたちが「聖地」の 1 つ舞鶴に集まる。

※
ツーリズムについては，第 9 章でも触れている。

（近藤章夫・上杉和央）

8　観光と地域

1．世界の観光事情と観光地

　世界のなかで観光客が多く訪れている国は，どういったところだろうか。表 8-1 は世界観光機関（UNWTO）が発表している国際観光客到着数の上位 5 カ国を示したものである。年によって順位の変動はあるが，上位に登場する近年の顔ぶれはこの 5 カ国で変わりない。

　このうち，目を引くのはフランスとスペインである。この 2 カ国の人口は，それぞれ 6,000 万人台，4,000 万人台で推移しているので，人口よりもはるかに多い観光客が毎年，訪れていることになる。イタリアも 6,000 万人ほどの人口に対しての 5,800 万人の観光客数であるので，やはり多い。こうした人口に匹敵，もしくは人口を上回る観光客数を受け入れている国は，ギリシャやクロアチアなどの地中海ヨーロッパ，チェコやオーストリアなどの中央ヨーロッパ，またマレーシアなどの東南アジアに多くみられる。

表 8-1　国際観光客到着数（2017 年）

	国名	（万人）
1	フランス	8,691.8
2	スペイン	8,178.6
3	アメリカ合衆国	7,590
4	中華人民共和国	6,070.4
5	イタリア	5,825.3

「World Tourism Barometer」（世界観光機関 UNWTO）より

　ヨーロッパの場合，世界各地から人が訪れるものの，その中心はヨーロッパ域内からの移動である。1 カ月程度のバカンスが文化として社会に定着しており，温暖な地中海沿岸や，雄大なアルプス山岳地帯などを訪れ，ゆったりと過ごす人も多い。モナコやニースなど，世界的に知られた観光保養都市（国）が成立したのも，こうしたバカンス文化が背景にある。

　大きくみれば，観光とは日常生活から抜け出し，非日常に出会う経験である。そうした非日常性が観光資源として位置づけられることになる。先に示した地中海やアルプス山岳地帯は自然環境が観光客を満足させる資源の源泉となっているが，例えばパリやロンドンであれば，歴史や文化がそうした観光資源となる。また日本三景のように，自然と歴史文化が重なり合う部分が観光資源としてとらえられる場所も多い。

　また，ファンタジーや夢の世界を現実世界に現出させた空間が観光地となることもある。ディズニーランドをはじめとするテーマパークがその典型である。また VR（Virtual Reality：仮想現実）を用いた観光やオンライン上での観光といった，実際の移動をともなわない観光も登場している。

※
バーチャルとリアルを結ぶ観光については第 7 章を参照．

2．日本の「海外」旅行

　海洋国家の日本は，外部との往来に陸路が利用できないこともあり，「海外」に赴くにも，また「海外」から来るにも一定の制約があり，物理的にも心理的にも大きな距離があった。しかし，航空機の性能の向上や国際情勢の変化などによって直行便が次々と就航するようになり，また日本の 1980 年代後半からのバブル景気にともなう経済成長によって海外旅行へのハードルが下がったことで，海外に出かける日本人は

※
交通については第 6 章でも扱っている．

1990 年に 1,000 万人を超えた（図8-1）。

一方，海外から日本を訪れる外国人は長らく 500 万人以下の状況が続いていたものの，2002 年に 500 万人，2013 年に 1,000 万人，そして 2016 年に 2,000 万人と，2000 年代以降は急激な伸びを示している。

こうした背景には，日本政府の観光立国政策といった政治的な要因のほか，中国を筆頭に，東アジア，東南アジア諸国の経済水準があがったことでアジアからの訪日客数が大幅に増加したという要因も大きい。表 8-2 は 2007 年と 2017 年の訪日外国人数を州別に示したものだが，各年ともアジアからの訪日客数が圧倒的であり，またその伸び率も高いことがわかる。

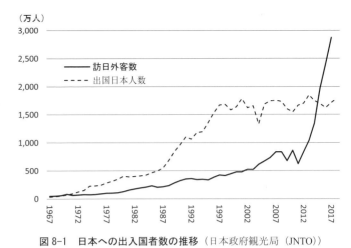

図 8-1　日本への出入国者数の推移（日本政府観光局（JNTO））

表 8-2　2007 年と 2017 年の訪日外国人数

(人・[%])

	2007 年		2017 年		2007-2017 年の伸び率
アジア	6,130,283	[73]	24,716,396	[86]	[403]
北アメリカ	1,017,018	[12]	1,756,732	[6]	[173]
ヨーロッパ	877,531	[11]	1,525,662	[5]	[174]
オセアニア	260,788	[3]	564,527	[2]	[216]
その他	61,349	[1]	131,509	[0]	[214]
総計	8,346,969		28,694,826		[344]

日本政府観光局（JNTO）の資料をもとに作成

3．観光地の展開

次に，日本国内の観光地の特徴の変化をたどりたい。江戸時代は寺社を巡り歩く「参詣」「巡礼」が基本であった。ただし，人々は周囲の名所もどん欲に観て回っていたことが知られている。寺社の門前には土産物を売る店が立ち並び，街道の宿場には旅人を泊める宿屋が軒を連ねることになった。

日本は火山国であり，各地に温泉が湧いている。温泉は湯治場として古くから人を集めていたが，近代になると国民の体力増進といった国家政策のもと，療養にくわえて保養という側面から開発されるようになる。その結果，多くの温泉地は逗留しながら療養する湯治場から，短期間訪れて楽しむ場所へという大きな変化をたどり，草津温泉のように湯治の所作を観光資源として売り出したり，白浜温泉のように砂浜をはじめとした地域全体の整備で付加価値をつけたりする動きがなされてきた。

自然を活かしつつも大規模な開発をともなって観光地化が進められる例としては，ゴルフ場やスキー場が挙げられる。これらは戦前から導入されたが，特に戦後の高度経済成長期からバブル期にかけて，各地に展開していった。スキー場は自然条件に立地が大きく左右されるが，鉄道駅や高速道路のインターチェンジに隣接する形でリゾート開発が進んだ地域もある。例えば越後湯沢では上越新幹線の支線駅に直結するスキー場が整備された（図8-2）。

※
火山については，『自然地理学』第3章で扱っている．

※
総合保養地域整備法については，第12章で扱っている．

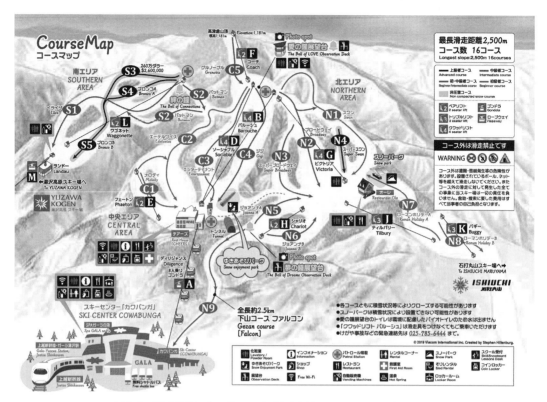

図 8-2　GALA 湯沢スキー場マップ（株式会社ガーラ湯沢ウェブサイト）

　こうしたリゾート開発は 1987 年に成立した総合保養地域整備法によって後押しされたが，バブル経済の崩壊によって計画がとん挫した開発もみられた。

　近年は，自然や歴史を活かして築かれてきた地域らしさそのものを観光資源としてとらえ直す試みが多くみられる。観光行動側から見れば，地域の特徴的な自然を楽しむ，特定の時代の歴史遺産をたどる，テレビドラマや映画のロケ地をめぐる，アニメやマンガで描かれた場所を訪れるといった，特定のテーマを持った観光行動となる。こうした観光は古くからあったが，とりわけ近年はその内容が多様化しており，グリーンツーリズム，ヘリテッジツーリズム，コンテンツツーリズムなど，観光の目的や対象によって呼び分けられている。

　このような多様化の背景には，経済的な変化や国土開発思想の変化もさることながら，大型バス等を利用したマスツーリズムから少人数での個人旅行へと大きく変化し，個別の志向に応じた観光が重視されるようになった点も大きい。

　例えば，葛飾柴又は柴又帝釈天の門前，および江戸川の渡し（矢切の渡し）の交通の要衝として発達した町だが，1969 年に始まった松竹映画『男はつらいよ』シリーズの「寅さん」の住む舞台として知られるようになり，シリーズ終了後も多くの観光客が訪れている。コンテンツツーリズムの典型例と言えるだろう。

　アニメの背景やゲームにかかわる場所が「聖地化」して，ファンの「聖地巡礼」がなされるといったコンテンツツーリズムもある。地域住民には認知されないまま，多くの人が押し寄せるなどして，衝突が起きるケースもあるが，地域の祭りや行事にア

※
コンテンツツーリズムについては第7章でも扱っている.

ニメファンが参加するなど，新しい関係性が築かれている場合もある。近年は，地域側から積極的に地域らしさをアピールし，映像芸術の舞台として誘致するフィルムコミッション活動も盛んである。

　地域に新たなコンテンツを意図的に付与して観光と地域づくりを結びつける事例としては，アートを用いたまちづくりが挙げられる。越後妻有(新潟県十日町市，津南町)で2000年から3年に1度開催されている「大地の芸術祭 越後妻有アートトリエンナーレ」は，越後妻有の各集落にアート作品が並べられ，アートを手がかりに地域らしさに触れる趣向となっている。アートを通じた交流人口・関係人口の増加による新たな地域創造が生まれており，国内外から注目される芸術／地域創造の動きとなっている。こうした取り組みは，瀬戸内海の島嶼部を舞台とした「瀬戸内国際芸術祭」をはじめ，国内各地でみられる。

4．重要文化的景観の選定と観光地化

　ヘリテッジツーリズムは，地域の遺産を観光資源として利用するツーリズムである。伝統的な寺社仏閣の観光はもちろん，近年の世界遺産観光なども含まれる。ここでは事例としてその土地の自然風土と生業や生活によって生まれた文化的景観に注目しよう。日本では2004年の文化財保護法改正によって，文化財のカテゴリーに文化的景観が生まれ，重要なものは重要文化的景観として選定されるようになった。その第1号は2006年に選定された滋賀県近江八幡市の「近江八幡の水郷」である(図8-3)。「近江八幡の水郷」を紹介することによって，どのように観光地化や地域活性化が進められようとしているのかを理解していきたい。

　近江八幡市は日本最大の湖である琵琶湖に面しているだけでなく，琵琶湖から陸地側に入り込んでいる水域である内湖や，旧城下町から琵琶湖への運河として八幡堀といった独特な水辺景観を有していた。さらに，内湖岸に広がる湿地帯は植物のヨシ群落が繁茂しており，ヨシを原料とするヨシ産業も盛んであった。こうした自然環境が伝統産業と結びつき，地域住民の生活としても利用されていることから，重要文化的景観に選定されたのである。

　ただし重要文化的景観の選定に至るまでには，開発と自然環境保全との関係や，住民生活の変容による水郷への意味づけの変化などの諸課題を抱えていた。内湖をはじめとした琵琶湖の沿岸域は，農地のための干拓や琵琶湖総合開発事業による沿岸堤の建設など，人工的な景観に移り変わろうとしていた。さらにかつては舟運に使われていた水路も，モータリゼーションによって機能を失った結果，汚い排水路のようになり，埋め立てが模索されていたのである。

　しかしながら，伝統的な風景の喪失に危機感を抱いた住民が，水郷景観の保護へと立ち上がっ

現代的な「聖地巡礼」の例は第7章でも扱っている．

図8-3　近江八幡市の水郷景観（2012年撮影）

た。水辺環境への関心が高まっていく中で，市の政策としても「風景づくり条例」を制定し，「景観計画」を策定することで，重要文化的景観として選定される条件を整えていった。こうして伝統的な街並みとともに水郷景観が観光資源として活用されるようになり，多くの観光客を集めるようになったのである。

5．日常的な生活場所の観光地化による諸問題

重要文化的景観として選定されることによって，観光資源が生まれ，地域の活性化を期待できるかもしれないが，一方で生業や生活の景観であるがゆえに，日常的な生活場所が観光地化することで発生する，いわゆる観光公害の問題も注目されつつある。近江八幡市と同じく滋賀県内で重要文化的景観として選定された，「高島市針江・霜降の水辺景観」（図 8-4）の事例から，観光地化による諸問題について紹介していく。

図 8-4　滋賀県高島市針江地区の重要文化的景観
（2011 年撮影）

針江・霜降地区は琵琶湖に対してやや内陸側にある集落である。集落内を流れる水路を伝統的に使用しており，特に「カバタ」と呼ばれる，各家庭の敷地内にある水利用施設が独特であるということで，重要文化的景観に選定された。本来はおもに水洗いなどの台所用水として利用される場所であったために，各家庭のプライバシー保護が課題となる。さらにはそれほど人口の多くない集落に観光客が集まることによって，住民と観光客との間にトラブルが発生する場合もある。

2011 年度に実施した針江地区住民への意識調査の結果（表 8-3）をみると，日常生活の場所が観光地化することによる，様々な問題（観光公害）が浮かび上がってくる。「観光地化を気にしない」とするような意見もある一方で，「写真撮影」や「敷地内への侵入」が問題視されており，プライバシーの侵害が課題となっている。

表 8-3　高島市針江地区住民への意識調査（n = 105）

プライバシー侵害行為の経験		観光客への期待	
写真を撮られる	28.6 %	マナーを守って訪問してほしい	59.0 %
勝手に敷地に入られる	17.1 %	あまり訪問してほしくない	17.1 %
家の中を覗きこまれる	12.4 %	もっと訪問して針江の良さをわかってほしい	12.4 %
物を持っていかれる	2.8 %	その他	12.4 %
その他（特にない）	39.0 %	未回答	6.7 %
未回答	21.0 %		

大江 2012 より

こうした問題に対処するために，針江地区では住民が「針江生水の郷委員会」を設立し，集落内を来訪者が見学する場合は，ガイドが付き添うことにして，行動には制限を加えるようにしている。しかし観光客が増えすぎると負荷が大きくなり，受け入れ側の住民にも多様な意見があって，観光地化への住民合意が課題となる場合もある。

6．観光地という空間

観光地は，そこに訪れる観光客（ゲスト）とそこに居住する住民（ホスト）とが出

会う場である。ただ、一見するとステレオタイプ化された観光地像がゲストを誘い、それに合わせてホストが動いているように見えるが、実際はゲストの求める観光地イメージとホストのとらえている地域イメージが一致するわけではないため、両者の出会いによって、観光地ではいろいろな葛藤や展開が常に起きている。上に示した文化的景観の事例は、そうした側面の一端を照射している。

　しかも、観光客も住民もそれぞれ多様な考え方を持っている人からなっているため、観光地に関するアクターをゲストとホストといった単純な二分法で検討することは困難である。観光客の一部の意見やまなざしが大きな影響力をもつ場合、もしくは地域の整備をめぐって住民どうしの意見対立がある場合といったように、観光地という空間はアクターの複雑な関係性のもとで現出しているのである。

　そうした関係性の構築には、メディアの取り上げ方によるイメージ形成といった点や、国家的な施策、国際的な経済・社会動向といった点がかかわっていることも、忘れるべきではない。グローバルな情報社会というなかにあって、これらは観光地という空間の維持や変容に大きな影響力を与える。何も注目されていなかった場所が、世界遺産となったことをきっかけに、たちまちのうちに観光地として注目される状況は、そうしたことを強く意識させるだろう。また、世界的な伝染病の流行が人の移動を抑制させ、観光地が疲弊していく状況も、私たちがつい最近、目にしたことである。

　いずれにしても、観光地は多様なアクターと複雑な要因によって創造され、そして消費され続ける空間である。家の周りの観光地、自分のお気に入りの観光地について調べてみると、そうしたダイナミックさを知ることができるだろう。

コラム：新型コロナウィルスの影響によるインバウンド観光客数の激減

　2020年は新型コロナウィルスの影響によって社会が大きく様変わりしてしまった．その影響をもっとも受けたかもしれないのは、観光客をはじめとした国際的な旅客流動である．右のグラフを見ると、21世紀に入ってから「インバウンド」と呼ばれる訪日外国人客数は順調に増えていた．ところが2020年に入るころから激減が目立ち始め、3月以降から年末に至るまでは壊滅的な打撃を被った．国内を含め観光業による経済発展や地域活性化を目指した政策が見直しを迫られることになったのである．

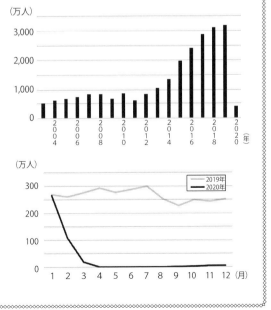

↗　図8-5　2003〜2019年の訪日外国人客数の推移（日本政府観光局 2021）

→　図8-6　2019年と2020年の月別訪日外国人客数（日本政府観光局 2021）

（香川雄一・上杉和央）

9　集落の形態と構造

1．集落という視点

　地理学では，人間の住んでいるまとまりを集落と呼ぶ。よって，村落や都市は集落のなかの1つの分類項ととらえることができる。地理学の伝統的な分野には集落地理学があり，その基礎的な関心には集落の立地，形態，起源，発展過程などを明らかにするという方向性があった。また，集落内の地区別の特徴を抽出して集落構造を明らかにする研究も蓄積されてきた。

　ただし，様々な点で村落と都市との違いが大きいこともあり，現在は集落地理学としてひとくくりに議論されることは少ない。村落地理学や都市地理学などに分け，それぞれの課題に取り組む姿勢が主流である。また，特に都市の場合は，形態や構造への着目であっても，平面的な視点というよりも地下空間や上層空間を射程に入れた立体的な視点から検討がなされ始めている。

　こうした展開をみると，伝統的な集落地理学でなされてきた形態や構造に関する議論は，学問的にはすでに一定の役目を終えているようにも思える。実際，形態論や構造論が盛んであった20世紀と比べて，現在の都市や村落は大きく変容し，理論を単純に当てはめることは不可能になっている。しかし，現在の村落や都市の歴史的変遷をたどってみると，その形態や構造を前代から部分的に引き継いでおり，その歴史的特徴が現在の景観のなかに埋め込まれていたり，違う形で影響を与えていたりすることも多い。現在の村落や都市を理解する上でも，集落の形態や構造に関する基本的な知識を習得することは不可欠である。

2．村落の形態

　都市と対比的にとらえた場合，村落は地域の自然環境と密接にかかわる生業が展開してきた集落ととらえることができる。そのため，村落の分類には自然環境や生業が用いられることが多い。例えば立地条件から山村，平地村，臨海村と分ける場合がある。また，主たる生業に着目した農村，山村（林村），漁村といった分け方もされる。

　後者の分類は，一般的によく使われるが，例えば半農半漁の集落であったり，第一次産業従事者よりも地域外に働きに出る労働者の方が一般的になった都市近郊村落であったりと，現代の村落は単一の生業で表現できないことも多く，実はうまく分類できていないことがある。立地条件と生業を結びつけ，林業集落は山村，農業集落は平地村，漁業集落は臨海村と無意識に変換することも危険である。臨海部にあっても農村である所は多いし，またタイガや熱帯雨林を想起すれば，林業が山地だけで展開するわけではないことが了解されよう。

　こうした分類のほかに，家屋，共同施設，交通路，土地（農地）といった村落の構成要素に注目して，その分布や集密具合によって村落を分類する場合もある。こうした類型を最初に体系化したのは北ドイツの農業集落の村落形態を，集村（塊村），森

図9-1　日本の村落形態の例（左：滋賀県長浜市湖北町五坪付近，右：富山県南砺市野尻・砺波市鷹栖付近）（地理院地図）

地村落（林地持分村），沼地村落（湿地持分村），環村（円村），孤立荘宅（散村）などに類型化したドイツのアウグスト・マイツェンであった。この類型は，例えば林地や湿地の持ち分といった指標は日本にはなじみにくく，また広場を持たないアジア式の村落では環村（円村）は一般的ではない，といった点はあるものの，その後の村落形態論の基礎となり，様々に展開していった。

　家屋の集密具合を重視する場合，数十戸が集住する集村，各戸が分散している散村があり，その中間形態である十数戸単位の疎塊村，数戸単位の小村といった分類もなされる。図9-1の左は滋賀県長浜市湖北町五坪付近，右は富山県南砺市野尻・砺波市鷹栖付近の空中写真だ

図9-2　三富新田の路村
（25,000分1地形図「所沢」（2017年調整））

が，集村と散村の典型的な形態を示している。日本の場合，集村形態をとる村落が約7割を占めるが，散村も富山県の砺波平野をはじめ，岩手県胆沢扇状地，島根県出雲平野や香川県讃岐平野など，各地にみられる。北海道には近代開拓によって計画的に配された屯田兵村がある。

　集村のなかには塊状ではなく，山麓線，海岸線，道路，水路などに沿って列状に家屋が並ぶものもある。こうした列村のなかでも，道沿いに家が並ぶ集落は路村や街村と分類される。路村の主たる生業は第一次産業であり，近世の新田集落などでもみられる。図9-2は埼玉県所沢市中富付近を示した地図だが，江戸時代に川越藩が武蔵野台地の開拓を進めて生まれた畑作新田集落の名残をよくとどめている。

※
集村と散村とでは，共同体の結びつきへの気づきやすさや，農地への近接性などに違いがあるとされる。

　路村は第一次産業が主たる生業の集落だが，道路沿いに列状になる集落でも宿場町や門前町のように道路の流通や往来に依拠した生業を営む家が多く集落となると，路村とは区別して街村とよぶ。

3．村落の空間構造

　村落は土地に根ざした生業が展開される集落であり，生活域と生業域が密接に関連している。村落空間論は，こうした点に着目して展開されてきた。

　村落の基礎空間は，集落空間，耕地空間，林地空間の3つの領域によって構成される。集落空間には，家屋敷といった個人空間と集会所やバス停などの共有空間がある。個人空間には日常生活の場である家屋（イエ）のほか，生業道具を収める付属屋（コヤ・ナヤ）や農作業に利用する庭（ニワ）などがあり，生活と生業が一体となった空間となっている。

　耕地空間にも個人所有の耕地とともに水路や農道のような共有空間があり，林野空間にも個人有地と共有林とがある。共有林は水源地管理や燃料（薪炭材）確保に利用され，さらには共有財産地として林産資源の生産にも利用されていった。共有林や水路は，生活や生業の維持に不可欠な機能を担っており，ムラの成員によって集団的管理が行われていた。そうした集団を1つにまとめるのに重要な役割を果たすのが社寺や祠といった祭祀空間であり，生活や生業にかかわる祭礼・祭祀に従事することで，相互の結びつきが確認されることになる。

　福田（1982）は，こうした村落構造を民俗学の観点から一般化し，農村をムラ・ノラ・ハラ（ヤマ）の同心円構造からなる空間ととらえた（図9-3）。ムラが最も内側に来るこのモデルは，明らかに集村が念頭に置かれたものであり，散村や路村といった村落の実態とは必ずしも合わないが，村落がこうした3つの領域を持つことを象徴的に示したモデルとして，村落研究への基礎的な視点を提供してくれる。

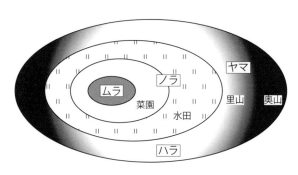

図 9-3　村落空間の同心円モデル
（福田 1982，をもとに作成）

※
ドイツの集落と農地の関係をモデル化したチューネンモデルと比較してみよう（第4章参照）.

4．都市の分類と規模

　次に都市についてみていくことにしよう。村落と同じく都市も様々な指標で分類が可能で，例えば港湾都市や学園都市（学術都市），行政都市といったように，その都市の主たる産業や機能で特徴づけることがある。また，住宅都市や田園都市といったように，居住地であることを意識した分類もある。

　また，ブラジルやオーストラリアなどでは新たに首都を建設しているが，こうした計画的に建設された都市のことを計画都市と呼ぶ。これらは国土開発のなかで計画されたものだが，ナイジェリアの新首都アブジャの場合は，民族間のバランスをとるよ

※
田園都市の概念は，イギリスのハワードによって提唱された．第11章を参照

うな位置に設定されている.

　計画都市は首都以外にも多くみられる．例えば居住地と勤務地が異なる職住分離の場合，両地を結ぶ交通網が不可欠であり，交通網に沿って住宅都市が計画されることが多い．日本でも近代から鉄道会社などによって駅前開発と住宅地開発が一貫してなされることがあった．第二次世界大戦後になると，さらに規模の大きなニュータウン建設もみられるようになった．

コラム：日本のニュータウン

　日本では高度経済成長期を中心に，大都市圏郊外でのニュータウン建設が盛んになされた．その代表が1971年に入居の始まった多摩ニュータウン（東京）と1962年に入居の始まった千里ニュータウン（大阪）である（図9-4）．地図を見ると，山を切り開いて作ったために街路が地形に沿って曲線状となっていることがよくわかる．

　「まちびらき」から時間が経つにつれ，人口減少と住民の高齢化が顕著となり，自治会・コミュニティ活動の維持困難などが問題となっているニュータウンもある．周囲に生鮮食料品を購入できる場所がないことを示す「フードデザート」（Food Deserts：食の砂漠）も問題の1つである．人口減少でスーパーなどが閉店すると，高齢者などの交通弱者が生鮮食料品などの日用品の購入ができなくなり，生活維持が困難となる状況が起きている．

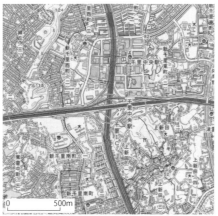

図9-4　多摩ニュータウン（左）と千里ニュータウン（右）
（25,000分1地形図「武蔵府中」（2019年調製），「伊丹」（2017年調製））

※
ニュータウンについては第10章でも扱っている．

※
地域商業については第6章を参照．

5．都市の規模をはかる

　都市の規模を測る指標として最も頻繁に使われるのは人口である．特定の領域（例えば国家）のなかでの都市を人口規模別の順位で示すと，都市の階層を知ることができる．図9-5のように国ごとに都市人口と順位と規模によってグラフを作ると，いくつかの典型的なパターンがみられる．都市の順位と規模が相関するパターンはランクサイズルールに則ったパターンである．一方，1位の規模が2位以下を圧倒的に大きい国もある（プライメイト・パターン）．こうした人口規模が圧倒的な都市をプライメイトシティ（首位都市）と呼ぶ．

※
人口については第2章を参照．

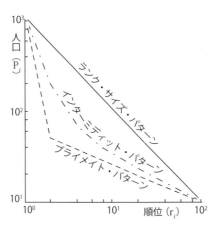

図9-5　都市人口の順位と規模の3類型
（林1991，をもとに作成）

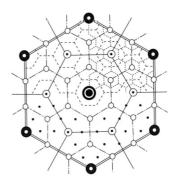

◉ G中心地　━━━━ G中心地の市場地域
◉ B中心地　───── B中心地の市場地域
⊙ K中心地　─‐─‐─ K中心地の市場地域
○ A中心地　‐‐‐‐‐ A中心地の市場地域
・ M中心地　‥‥‥‥ M中心地の市場地域

図9-6　クリスタラーの都市立地モデル
（クリスタラー1969，をもとに作成）

6. 中心地理論

　村落で生産された余剰物は市場に持ち込まれる。市場は周辺地域の物資や人々の集散地として中心地機能を備えていく。市場の規模が小さいと周辺地域への財の供給にとどまるが，規模が大きくなれば広範囲に財を供給するより高次の中心地となる。こうした考えをもとに，ヴァルター・クリスタラーは高次から低次に至る中心地がどのように立地するのかをモデル化した。そのモデルは，中心地の圏域を六角形とし，その頂点に1つ低位の中心地が立地してそれそれぞれが小さな六角形の圏域を持ち，その頂点にさらに低位の中心地が立地していく，というものである（図9-6）。

　中心地理論と呼ばれるこのモデルは，数学的な分析に基づいた抽象度の高い理論であり，自然条件や歴史的展開にも大きく影響を受ける現実の都市群の立地を十分に説明するものではないが，大小様々な集落を体系的に説明する視角を提示している点で重要である。

※
立地モデルとしては，第3章で取り上げたウェーバーの立地論，第4章で取り上げたチューネンモデルも重要である．

　クリスタラーは経済地理的に都市とその圏域を読み解いたが，現在，都市圏が議論される場合は，都市への通勤・通学者に焦点を当て，常住人口のうち都市への通勤・通学者が一定割合を越えている地区をその都市の都市圏に含める，といった作業で都市圏が設定されることが多い。都市圏は道路網や鉄道網，そして自然障壁などに影響を受けるため，都市ごとの個性をともなって出現する。

7. 都市の内部構造

　都市の内部に目線を向けると，すべての地区が均一というわけではなく，商業地区や住居地区といった特色がみられるのが一般的である。都市内における特色ある地区の出現は，都市計画に基づく場合もあるが，中心施設や交通路の敷設，地価，歴史的経緯といった要素から相互に影響するなかで出現する場合も多い。こうした都市の内部構造については，これまで様々なモデルが提示されてきた。

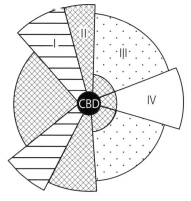

図 9-7　都市の同心円モデルと（左）扇形モデル（右）（帝国書院編集部 2020，をもとに作成）

　こうした議論で必ず取り上げられる都市はシカゴである。20 世紀初頭のシカゴは産業の進展によって大量の移民が流入し，都市の膨張と都市居住者の属性の違いによる地域分化が起きるなかで，様々な社会問題が浮上していた。こうしたシカゴを事例に，シカゴ大学の都市社会学者であったアーネスト・バージェスらは，都市は商業やビジネスの中心地である CBD（Central Business District：中心業務地区）を中心に，同心円的な構造をなしていると論じた（図 9-7 左）。バージェスによれば，CBD（Ⅰ）の外側にある都心周辺部には移民が同族などを頼って流れ込む工場地帯（Ⅱ）がある。その外側にⅡ地帯から逃れてきた労働者住宅地帯（Ⅲ）があり，その外側は戸建て住宅や高級アパートのある邸宅地帯（Ⅳ）となる。さらに外側は都市外からの通勤者の住む地帯である（Ⅴ）。

　この同心円モデルに対して，ホーマー・ホイトは交通路を重視し，CBD から交通路に従って扇型に発展する扇形（セクター）モデルを提唱した（図 9-7 右）。また，CBD 以外にも同種の産業集積などによる核が都市内には存在することを重視したエドワード・ウルマンらの多核心モデルなども登場した。

　こうしたシカゴ学派と呼ばれる研究者らによって提示された古典的なモデルに見られる，都市内の経済格差や居住分化といった点に焦点を当てる視角は，現在の都市地理学の中でも重視され続けている。例えば，都市の再開発などで焦点化されるインナーシティ，セグリゲーション，ジェントリフィケーションといったキーワードをめぐる議論も，こうした都市構造モデルの古典的視角を理解しておけばわかりやすい。ただし，現在は都市構造の議論もふまえつつ，都市空間に投影される政治性や権力に目を向け，都市空間がどのように意味づけられているか，その非対称性はどのような点に由来するかといった議論も進められている点は押さえておきたい。

（上杉和央）

※
セグリゲーションやジェントリフィケーションの議論は第 10 章を参照.

どこでどのように移り住むか

10　都市と社会

図 10-1　郊外のニュータウン（千里ニュータウン／吹田市）（2020 年撮影）

1. 都市の拡大と居住者のすみわけ

　都市に人間が大量に集まると，増えていく人口の収容が課題となった。都市の中心部の近くに住んでいなければならないという必要性は，鉄道をはじめとする大量輸送機関の発展によって，克服されていった。その結果として現れてくるのが，都市から大都市圏への拡大であり，郊外における住宅地の開発である。

　図 10-1 の写真は，都市郊外にあるニュータウンの風景である。しかし 100 年ほど歴史をさかのぼると，そこは山林か農村である。都市の拡大は必ずしも，等方向的に進むわけではなく，鉄道建設や住宅地開発をきっかけとして，居住者が増えていく。家族構成のなかでも，夫は都心部の会社へ通勤し，妻は専業主婦として家庭の近くで暮らす。こうしたライフスタイルを人文地理学では，時間地理学によって家族の行動パターンとその制約を，ジェンダー地理学によって性別の役割分担とその問題点を論じてきた。

　都市内に同じタイプの人たちだけが住んでいるわけではない。農業と工業あるいは商業でそれらの生業に従事する人々の住む場所が異なっていたように，職業の種類や収入，家族形態によっても住む場所が分かれる。地価や住宅価格，賃貸料からも，住める場所には制限がある。団地のような同じ居室タイプに住む人々がいる一方で，一戸建てやアパートやマンションといった，居住方法の違いにより都市の内部での住み分けがみられ，都市の内部構造を構成していく。居住者の個性はあってよいのだが，格差があると問題が発生してくる。

※
都市の成立過程の歴史や都市内部構造は，第 9 章で扱っている.

2．都市問題の発生

　理想では平等な社会であっても，現実には都市に住む人々に所得の格差が発生し，特に貧困とされる地域では，個人や家族の健康面の悪化や，治安の悪さから生じる犯罪，建物や街区の老朽化など，いわゆる都市問題が発生してきた。

　19世紀の終わりから20世紀にかけて，先進国の大都市を中心に，都市内部のインナーシティと呼ばれる場所で様々な都市問題が起きてきた。そこは都市の中心部から比較的近い場所で，新たに都市に流入してくる人たちが最初に住み始めた場所だと考えられてい

図 10-2　インナーシティの住宅地
（マニラ／フィリピン）（2008 年撮影）

る。まず都市の中心部に近いということは，自家用車がなくても都心の勤務地に通えることができ，鉄道などの交通費も比較的少なくて済む。地方や途上国から都市に集まってくる人々は，これからお金を稼ごうとしているため，最初から居住のための費用を多く使えるわけではない。さらに，そうした人たちを支える同じ出身地，同じ民族，同じ宗教の人たちが集まっていたため，居住に適していた。

　図 10-2 の写真から，発展途上国の大都市には増え続ける都市への流入人口を支える場所として，密集住宅地の様子がわかる。経済の発展によって高層ビルが立ち並んでいる街区のすぐ近くの，人口密度が高く，不衛生な場所に，安定した職業で働いていない多くの人たちが住んでいる。土地条件が悪いため，洪水時には浸水する恐れがあり，生活手段としてのゴミの分別やリサイクルの仕事に家族で携わることもある。

　都市の郊外での暮らしは，都市の中心部近くにおける人口密度の高さや，工場公害などによる生活環境の悪化を改善するために，移住を求められたという理由もある。一方で近年の人口の都心回帰への志向の結果として，インナーシティだった地区が利便性のために高級化し，ジェントリフィケーションと呼ばれる現象も起きている。

3．都市の社会地理（セグリゲーションとエスニックタウン）

　都市には様々な人が住んでいて，タイプ別のグループによって集住することもある。図 10-3 はアメリカ合衆国のシカゴにおける民族別の居住地区が示されている。このように居住者特性が分かれて分布していることを，都市社会地理学ではセグリゲーション（居住分化）と呼び，都市内部のエスニシティ（民族性）として民族別に街区が形成されることをエスニックタウンと呼ぶ。図 10-3 から分かるように，シカゴにはヨーロッパ諸国やアジア諸国，中南米諸国の出身者によるエスニックタウンがある。観光客はそれぞれの移民博物館によって，各エスニシティの来歴を知ることができる。

　アメリカ合衆国の大都市には，世界各地から民族が集団で移住してきた。最初はイギリスやドイツ，イタリアといったヨーロッパ各国から，続いて奴隷貿易などにより，アフリカ諸国からアメリカ合衆国南部を経由して北部や大都市へ，さらには西海岸の大都市をはじめとして，中国や韓国，日本といったアジアからも多くの人々が住み始めるようになった。チャイナタウンやリトルトーキョーのような街区は，各出身地別

※
先進国の人口が停滞する中で，途上国の都市人口が増加する理由を第2章を参考にして考えてみよう．

※
図 10-2 から，大都市におけるインナーシティの立地特性を考えてみよう．

※
世界規模の大都市へは様々な地域の出身者が集まる．国際的な人口の移動については第7章を参照．

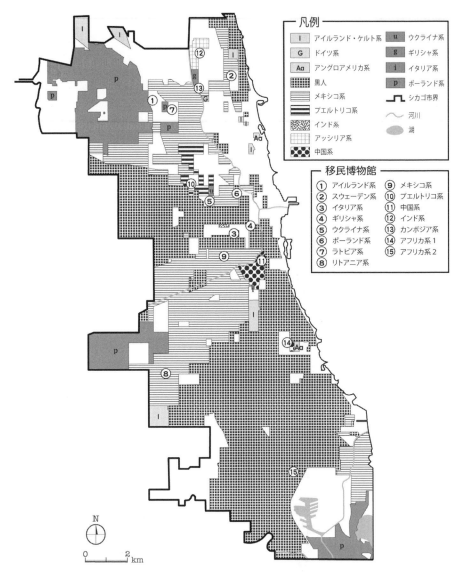

図 10-3　大都市における民族別居住分化（シカゴ）（矢ヶ﨑・高橋 2016）
シカゴの都市中心部は，河川が合流して湖への河口部（波止場付近）となるあたりである．

の民族を中心として構成されている。さらに宗教別の教会の立地が関係するという要
因や，食文化や習慣を守る必要性から，同じ民族の集住化がうながされる。

　なぜ人々が住む場所を移動してまで世界の大都市に集まるかというと，それは仕事
や収入といった経済的な動機にまずはもとづいている。農業だけでは家族全員が暮ら
していけない，買いたいものや食べたいものを手に入れるために収入を増やさなけれ
ばならない，貿易のための輸出入など，あらゆる動機で大都市に人が集まるようにな
る。

　日本にもチャイナタウンやコリアンタウンがある。中華料理や韓国料理，さらには
雑貨品など求めて集まる観光客によって都市の観光地化している街も，そもそもは，
エスニックタウンから始まったのである。それぞれの地区住民の来歴を調べることで

都市の多様性とともに都市史を学べるだろう。

4. 都市郊外の生活と都市のバリアフリー化

世界規模の大都市における民族の多様性と同様に，都市の内部には様々な年齢構成の人たちが住んでいる。日ごろはあまり意識していないかもしれないが，都市の内部にある公共施設は年齢に応じて，必要なものが変わってくる。

人の一生を考えてみよう。生まれるときには病院が必要である。乳児から幼児へと成長するにしたがって，保育園や幼稚園，さらには小学校，中学校へと進み，都市規模が大きくなると，高校や大学も必要になる。様々な手続きをする役所や，レクリエーションに使われる文化施設や運動施設も考えられる。建物（図10-4）とともに高齢になるにつれて，病院へ通う人が増え，老人ホームなどの社会福祉施設も必要となる。

人口増加により居住地が拡大しつつあったころは，一定の年齢階層が増えるに応じて必要な施設をつくっていけばよかったのだが，少子高齢化社会になってくると，年少者施設の必要性は減り，高齢者向け施設を増加させなくてはならないことに加え，街の構造自体にも改良が必要になっている。例えば，歩道と道路との段差や，坂の上り下りや建物のためにある階段も，若年者と高齢者では，障壁となる条件が異なってくる。多様性を受け入れつつ，柔軟な対応をしていくためには，障害者や多国籍の居住者への対応も必要になるだろう。都市には人が集まると同時に，生活をしていく上で期待される機能の向上も求められる。こうした課題にバリアフリー化として対策が試みられている（図10-5）。

歩行者の観点からみると，移動の障壁となる坂や段差を克服するために，エレベーターやエスカレーター，手すりやスロープの設置が進められてきた。公衆トイレも個室を大きくして，多機能を持たせるようにしている。駅名等の言語表示も，日本語だけではなく，多言語表示にしたり，ユニバーサルデザインの観点から数字番号で駅や路線がわかるように修正されたりしてきている。居住者だけでなく諸外国からの来訪者への対応が求められてきた結果とも言えよう。

日本をはじめとした先進国では，将来的に人口が減少すると予想されている。都市機能を中心部に集約させるコンパクトシティなどの都市施策のように，都市の大きさは縮小していくかもしれない。ただし都市に住む人々の多様性を支えることは今後も継続するだろう。

図10-4 建物の老朽化が進むニュータウンの集合住宅（2020年撮影）

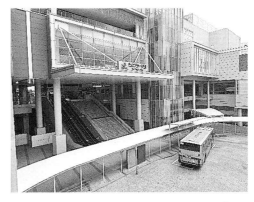

図10-5 バリアフリー化が進む駅前地区（2018年撮影）

※ 都市社会の現在を知るために，大都市圏の駅前や都市中心部を歩いてみよう。『地誌学』も参照。

※ 少子高齢化社会が進んでいくと，都市内部の公共施設の位置や数も変化してくる。

5. 人口分布の都心回帰現象

　1970年代ころには先進国の大都市でインナーシティ問題が注目され，都心周辺部の社会的荒廃が課題となっていた。都市計画によって再開発が進められるとともに，都心居住が再評価され，20世紀末から21世紀にかけては，人口分布の都心回帰が認められるようになってきた（図10-6）。

　都心回帰は，ジェントリフィケーションという視点からも注目された。直訳すると地区が高級化するということで，かつては人口流出や治安の悪化によって荒廃した地区に，高級マンションの建設や同じ建物であっても室内の改装などによって，高所得者や芸術家などが郊外から都心へと戻ってきたことが指摘されるようになる。そもそも都心部では様々な人々が交流でき，都心に近い勤務先には歩いて通勤することが可能というメリットもあった。しかしいったんは都市問題の発生によるデメリットが上回るようになり，居住者が郊外へと回避していたのである。

　都心周辺部の居住環境が改善されるようになると，ジェントリフィケーションとして想定されていた高級志向の居住者だけでなく，通勤や通学の便利さから子育て世帯や独身世帯も都心部に近い場所で居住地を求めるようになってきた。郊外で庭付きの一戸建てに住み，買い物は自家用車でというライフスタイルから，集合住宅で，間取りは多少狭くても，公共交通で用事が済ませられる範囲での暮らしが選択されるようになったのである。

　将来は人口減少が予想される中で，交通機関に必要とされるエネルギー消費を減らし，コンパクトシティとして都市の範囲を縮小していくことが奨励されるかもしれない。ただし一度は空洞化によって人口が減り，都市機能が縮小していたため，改めて学校建設が必要になり，都心回帰にともなう子育て支援や，生鮮食品を扱う店舗や

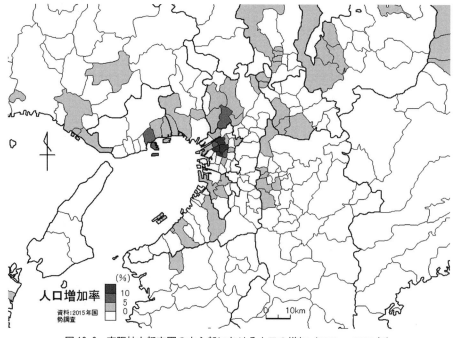

図10-6　京阪神大都市圏の中心部における人口の増加（2010〜2015年）

食料品店の減少により，そうした食品を販売する小売店の復活を求められるフードデザートの課題も表出してきている。

　都市を縮小させようという考え方は，都市計画においてコンパクトシティや都市の範囲を圧縮させるシュリンキングポリシーなど，環境配慮型社会への転換の一環としても進められつつある。都市の範囲が狭くなると，移

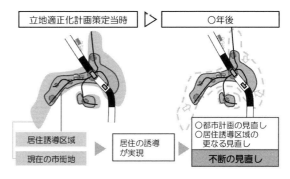

図 10-7　立地適正化計画（概念図）（国土交通省 HP より）

動距離が短くなり，時間やエネルギーを節約できる。高度経済成長期以降の郊外化によって，交通機関も商業施設も拡散されたため，都心部での不便さが目立つようになった。自動車交通の邪魔とされていた路面電車を LRT（次世代型路面電車システム）として復活させて，バスとともに公共交通機関の再整備が図られている。さらに学校や病院といった公共施設や買い物に必要な商業施設も，都市の中心部へ集約させようとする試みが始められている。こうした動きは都心回帰とともに，都市の繁華街に「にぎわい」を取り戻そうとする都市再生や都市創成といった都市政策とも関係している。

　コンパクトシティ政策の 1 つとして，2010 年代に入って日本では立地適正化計画が導入されようとしている（図 10-7）。公共交通機関，特に鉄道の駅を中心にして，都市を集約化していくために，居住地や都市機能を誘導しようとしているのである。郊外に住む居住者や現存する郊外型店舗をどうするのかという課題を含め，不確定要素は多いが，21 世紀の都市構造が新たな展開を見せ始めている。

コラム：コンパクトシティとスマートシティ

　都市政策としてだけでなく環境問題対策としての観点からも，コンパクトシティやスマートシティといった都市を縮減させるような構想が紹介されている．そもそも都市域が大都市圏へと大きく拡張することによって人々の移動距離は増え，結果的にエネルギーも大量に消費しなければならない社会構造となっていった．鉄道は電気，車はガソリン，そして土地利用も都市的になればなるほどエネルギー消費量は増える．

　地球上の天然資源の枯渇を防ぐためにも省エネルギーという発想が取り入れられ，産業や生活に加えて都市自体も「コンパクト」に「スマート」にしていくことが，エネルギーの節約につながる．先進国では人口減少に向かい始めており，高齢化も進むので，限られた面積の範囲内で鉄道やバスといった公共交通機関を使って生活できるようになれば，エネルギーの無駄遣いが減るだろう．都市構造としても，都心回帰や土地利用の高層化によって相対的な移動距離を減らせることができる．車社会から次世代型の路面電車として LRT への回帰も，まさにモータリゼーションの逆行である．

　エネルギー消費の節約を突き詰めていくと，電気・ガス・水道の利用を効率的に配給できるような住宅へとエコな社会へ向けての実践が始められようとしている．ただし注意しておかなければならないのは，特に地方を中心にまだまだ車社会は続きそうであるし，無理なコンパクト化は新たな社会問題を生じさせるかもしれない．都市政策も将来を見渡しつつ，現実に迎合できるようなプランを構想していくべきであろう．

（香川雄一）

より豊かな暮らしのために

11　開発と地域

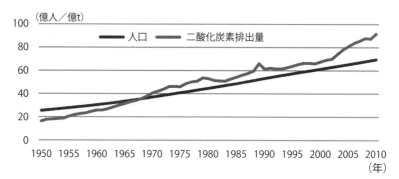

図 11-1　世界の人口と二酸化炭素排出量の推移（グラフ）
（World Population Prospects 2019 と『理科年表　2013 年版』より筆者作成）

1. 開発の歴史と時代や場所による特徴

　人類は自然環境の開発とともに歴史を歩んできたといえる。狩猟・採集から始まって農業に至るまで，食料の確保を開発の主目的にしていた時代が長く続いていたのだが，18 世紀のイギリスから始まった産業革命によって，開発の位置づけは大きく変容していくこととなった。産業革命が開発に与えた影響として，最も重視すべきなのは，動力源の発明により人力では得ることができなかった莫大なエネルギーを使えるようになったことと，機械化により工業製品の大量生産が可能になったことである。農業に従事しなくても生活できるようになったことから，人口は急増し，大規模な工業化によって原料と製品の輸出入が活発化し，さらには人の移動を支える交通手段が改良された。人口の増加と二酸化炭素の排出量は，ほぼ連動して増加する（図 11-1）。

　世界各地における開発の歴史を眺めてみると，それぞれの時代や場所の特徴を見出すことができる。人間の生存や農作物の栽培に必須である水資源の大規模開発は川の流路で実施され，居住地の改善のための開発は都心や都市の周辺部で実行される。自然条件が困難な場所での農業のための開発は森林や砂漠も対象となり，都市の再開発として都心部に人口が回帰することもある。こうした開発の場所をめぐる問題は，利害関係者間の対立を発生させてきた。先進国と途上国の関係では，近年の SDGs（持続可能な開発目標）において，持続可能な開発のための調整が求められている。

2. 開発の思想

　現在の開発はおもに政府などの行政機関によって決定されているが，開発の方法や内容はそれぞれの時代の開発思想によって影響を受ける。さらに開発されることになる地域では，景観が大きく変貌し，居住者の生活も変わっていく。開発思想としては，生活環境の改善や地域格差の是正など，正当な政策目的があって実行されるはずなのだが，開発の影響を受ける地域によっては被害も発生する場合もあるので開発自体が

＊
工業化の歴史や先進国と途上国の関係は，第 5 章で扱っている.

問題視されることもある。

　まず開発者側からの発想として，都市の区画や街路が整備されるようになった。産業革命以降に，大都市には人口が集中し，工場をはじめとした産業活動が盛んになった。結果として，大気汚染や人口過密の問題が発生し，衛生的にも劣悪な生活環境を生み出した。これらを解決するための都市の改造が進められていったのである。

　生活環境の改善を目指した開発としては，都市計画による良好な居住地の形成が挙げられよう。都市内部の土地利用規制により，居住地と業務地域を分断させていくとともに，自然が豊かで土地に余裕のある郊外に，理想的な住宅地を作ろうとした。イギリスに始まる「田園都市構想」（図 11-2）は，19 世紀から始まった鉄道網の建設によって駅を中心としたまちづくりを可能とし，道路や住宅の区画に余裕を持たせ，緑地を配置するなど，のちに日本をはじめ諸外国の都市計画に大きな影響を与えた。

※
都市計画については，第 9 章や第 10 章でも触れられている．

　経済的な格差は，先進国と途上国といった国際間だけでなく，国内においても中心部と周辺部との間で発生する。日本であれば，東京，名古屋，大阪をはじめ太平洋ベルト地帯に人口や経済活動が集中したため，政策的に地方へと開発予算が配分された。特に北海道・東北地方と沖縄県には開発部局を作って，積極的な開発策が導入された。その結果，場所によっては工業地帯が形成され，多くの補助金が投下されている。

※
工業と都市の関係は，第 5 章や第 12 章でも扱っている．

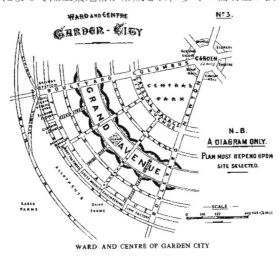

図 11-2　田園都市構想（エベネザー・ハワード 1968）

　この図はハワードによる田園都市構想における一部の区画を説明したものである．訳書の説明によると，右上の中心部の円には広場状の花園（GARDEN）があり，中心部から周縁部へと放射状に 6 本の並木道がのびていて，町を 6 つの区画に分けている．

　本図では「COLUMBUS 通り」と「NEWTON 通り」という 2 本の並木道によって隣の区と分けられた，1 つの区画が表現されている．その区画には中心部の花園に面して公会堂（TOWN HALL）があり，その外側には中央公園（CENTRAL PARK）がある．さらにその外側には水晶宮（CRYSTAL PALACE）がある．水晶宮は放射状の道と交差する環状道路である五番通り（FIFTH AVENUE）にも面している．環状道路は中心に近い順に，五・四・三・二・一番通りとなっていて，四番通りと三番通りの間には壮大な並木道（GRAND AVENUE）という環状の帯がある．その帯の中には小学校（SCHOOL）と教会（CHURCH）が配置されている．一番通り（FIRST AVENUE）の外側には，石炭・石材・材木の集積場，家具工場，衣料工場，印刷工場，製靴工場，自転車工場，ジャム工場がある．これらの工場や倉庫には環状鉄道（CIRCLE RAILWAY）からの引き込み線が入っている．環状鉄道の外側には配分地（ALLOTMENTS）と搾乳農場（DAIRY FARMS）となっている．鉄道の駅は環状鉄道が COLUMBUS 通りに交わるところにある．

3．農漁村の開発（経済開発と社会開発）

　人間の生存のためにはまず食料が必要であり，そのために農村や漁村において開発は試みられてきた。乾燥地帯における水路（図 11-3）をはじめとして，様々な方法で農地や漁場が開発されている。

　農村が方形の区画であるのは，漢字の「田」の字のように，当たり前と思い込んでいないだろうか。日本の歴史を考えても，古代の条里プランに始まり，近代の耕地整理や圃場整備に至るまで，時代によって目的は異なるが，農地の開発は実施されてきた。特に第二次世界大戦以降は，途上国における緑の革命を代表とする，品種改良や肥料と農薬，遺伝子組み換えなど，作物栽培の開発に目が向けられがちであるが，現在，目にしている農地の風景自体が開発の結果なのである。食料の確保に始まり，農業者の生活の安定へと，農業や農村経営の改良が試みられてきた。水害対策としての輪中も開発と言えるだろう。稲作において水は必要だが，洪水は困難な事態を発生させる。水利とともに治水が農村における開発の課題となってきた

　漁村の開発となると，漁港や防波堤の整備がまず考えられるだろう。それらに加えて，漁業自体も開発の歴史を刻んできている。魚の養殖も開発の結果である。干潟が干拓されて農地が造成され，マングローブ林が伐採されることによって，養殖池が確保された。ちなみ沿岸域は新田開発のために農地として開発される場合もある。

　漁業資源の確保のためには，陸地の地先だけではなく，船の進化によって遠洋へと漁場を拡大させた。ところが，漁業資源へのさらなる追求は，沿岸国の漁場を妨害するおそれがあるため，排他的経済水域として水産資源の確保のために設定された 200 カイリ問題として，資源管理のための国際的な規制を生み出した。

※
食料の確保のために様々な工夫があった．農業と農村の基礎的な説明については第 1 章を参照．

※
農業の方法や農作物の種類を規定する，自然環境の気候については,『自然地理学』の第 7 章と第 8 章を参照．

※
輪中については『自然地理学』の第 14 章を参照．

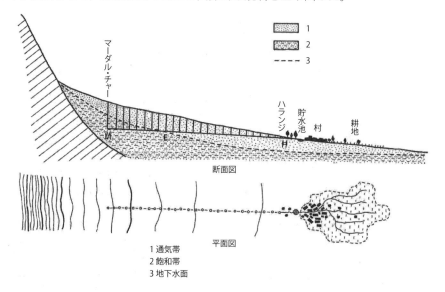

図 11-3　農村における水資源開発（カナート）（織田 1984）

4．水資源や森林の開発

　人類による開発は,天然資源から取り組まれるようになったと考えることもできる。石炭や石油のようなエネルギー資源に加えて，金や銀といった鉱物資源もある中で，

日常的に目にすることができて，当たり前のように使っている水も，天然資源として利用方法が開発されてきた。

　水資源開発においてわかりやすいのはダムの建設だろう。古代から人類はため池や用水路を建設して，渇水期のために水を確保しようとしてきた。産業革命などによって増加した人口を維持していくために，さらには季節によって降水量の変動がある地域で水量を調整するために，河川にダムが建設されるようになった。

図 11-4　TVA による水資源開発（TVA HP より）

　自然環境を破壊する可能性が高いことから，環境政策としては批判の対象となることもあるダムの建設だが，開発目的を考えると，水を確保するための利水に加えて，洪水を防ぐための治水や，水力発電による電源の確保という意味づけもできる。もう1つの建設理由として公共事業による雇用の確保という目的もあった。アメリカ合衆国で，数多くのダムを建設した TVA 事業はその典型だといわれている（図 11-4）。

　ダムがつくられる川の沿岸部で開発が必要になる。大規模に森林を伐採して貯水池としての用地を確保する。そもそも森林自体が資源開発の対象であり，燃料や紙・パルプの原料として大量に材木が供給されてきた。特に南アメリカや東南アジアの熱帯雨林で森林破壊を生じさせているとして，問題視されている。

　気候変動によって水資源の分布も偏在化が進むおそれがある。水がないと人間の生活だけでなく，農業や工業にも影響を及ぼす。森林資源の喪失は地球温暖化の原因としても心配されている。水資源や森林資源の確保と維持は将来も課題となるだろう。

5．都市の再開発と景観の変化

　開発の波は再び都市に戻ってきた。かつては新しく作られた都市も歴史を重ねることによって，土地利用の用途を再編成しなければならなくなっている。城下町から近代都市への転換では，歴史的価値があるとはいえ，機能的ではなくなった，城壁や堀，複雑な街路が，鉄道と自動車を中心とした交通網のために改変させられてきた。船が主要な交通手段であった頃の水路が，道路へと置き換えられたのもその一例である。

　本章の最初で紹介した産業革命によって形成された，製造業を中心とした工業都市が，サービス業をはじめとする第三次産業の都市へと再構成され，さらには国際化や高度情報化を想定した，多国籍化や情報通信技術へも対応した街並みや高層ビル群へと変化しつつある。世界規模の大都市で代表的な再開発の事例は，ロンドンのドックランズであろう（図 11-5）。造船業のために使われていた，ドック（船渠）が再整備されて，テムズ川沿岸のウォーターフロントの事務所ビル群として生まれ変わっている。工業都市であればどこでも

図 11-5　ロンドンのドックランズ（2016 年撮影）

※
様々な気候がある中で，人々が水をどのように確保しているか考えてみよう．

※
図 11-4 から，ダム建設による経済や社会への影響を考えてみよう．

※
都市の再開発は身近な地域でも進められているかもしれない．都市については第 9 章と第 10 章も参照．

図 11-6　東京の台場地区（2018 年撮影）

図 11-7　ソウルの清渓川（2009 年撮影）

再開発可能であるかといえば，そうではなく，大都市としての人口規模と，第三次産業を中心とした産業の継続が条件である。

　日本の首都である東京も，バブル期以降に世界都市としての再開発が進められてきた。湾岸の埋め立て地に高層ビル群が立ち並び（図11-6），いわゆる外資系や情報通信系の企業の事務所が数多く立地している。再開発によって新たな都市の地誌が生み出されつつある。

　都市の再開発はそれぞれの時代の世相を反映させた景観を生み出すこともある。韓国の首都のソウルでは，都心部における交通渋滞の慢性化から，川の上を高架道路として使用していた。ところが騒音問題や大気汚染が深刻化したことと，環境政策の新たな潮流を活用して，高架道路を廃止し，暗渠化されていた川を表出させ，さらに人工的に継続的な水流を復活させるという再開発事業を実施した（図 11-7）。

　東京の都心部にも首都高速道路が縦横無尽に走り，一部は川の上にも敷設されている。日本の道路の原点でもある「日本橋」の景観を復活させるためにも，道路の解体と水辺景観の再生が試みられるかもしれない。

6．開発政策の課題

　高度経済成長期を境に「開発」のイメージは大きく負の方向に傾いていった。工業化による公害問題の発生が周辺地域の住民に多くの被害をもたらせた。都市計画においても，ゴミ処理場や道路の建設などをめぐって，迷惑施設としての住民による反対運動が発生した。NIMBY（Not In My Back Yard）という言葉にもあるように，開発は必要悪という意識が持たれる。

　こうした開発によるメリットとデメリットを表現するために，社会学者らが提唱し始めた，「受益圏」と「受苦圏」という考え方がある（図11-8）。東日本大震災による福島の原発事故以前から話題になっていた，原子力発電所を事例に説明してみよう。現在の生活を支えるために電気は必要不可欠である。照明器具や電化製品など電気がないと機能しないものがあふれている。その電気を得るためには発電所で電気を生み出さなければならない。水力や火力も使われていたが，資源の少ない日本では高度経済成長期頃から原子力発電に期待が寄せられてきた。しかし事故の発生などにともなう放射能によるリスクは，発電所に近い場所ほど大きくなる。したがって電力の大量消費地が受益圏となり，電力の生産地が受苦圏となる。高速交通輸送機関である新幹

※
地誌の観点からも開発を理解することもできる．都市と農村については『地誌学』も参照．

線や飛行機にも該当する考え方である。利用者にとっては受益者として早く移動できて非常に便利だが、新幹線の線路沿いに住む人々や飛行機が離発着する空港の近隣住民によっては、騒音問題から逃れられない。

このように世の中をよくするために進められてきた開発にも、負の側面があるということを理解しながら、その効果を受け取るように意識しなければならないだろう。

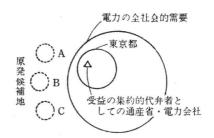

図 11-8　受益圏（実線）と受苦圏（破線）
（概念図）（梶田 1988）

コラム：SDGs とその歴史的背景

　環境問題対策として 17 の目標をイラストのアイコンで表現したデザインとともに SDGs に関する取り組みが注目されている。正確に説明すると、Sustainable Development Goals の略称であり、2015 年の国連総会で、国連加盟国すべてが賛同した 2030 年に向けて達成を目指す国際目標となる。日本語に訳すと「持続可能な開発目標」となるので、この章のコラムとして紹介しているが、どちらかと言えば環境問題で目にすることの方が多いかもしれない。

　これまでも国連では持続可能な開発について議論されてきたが、「環境」と「開発」を結び付け、さらに 17 の「目標」とともに 169 の「ターゲット」を示すことで、より分かりやすく理解を深めようとしている。かつての国連人間環境会議（1972 年）や国連環境開発会議（地球サミット：1992 年）では、「環境」と「開発」もしくは「経済」が対立して捉えられがちであり、「先進国」と「途上国」の「成長」への思い入れが異なっていた。

　あまりインパクトはなかったかもしれないが、SDGs への伏線として、国連は 2000 年に MDGs をまとめている。「M」は千年紀という意味での Millennium の略である。8 つの目標と 21 の具体的なターゲットということで、やや近づいてきてはいたが、ここでも「開発」と「環境」を大きな目標として結びつけるのは困難であった。

　京都議定書がパリ協定に引き継がれたように、21 世紀も 10 年以上が経過して、将来の「環境」と「開発」に対する目標設定もようやく合意形成への道標が示されようとしたのであろう。こうして SDGs は多くの国々、地球上のあらゆる人々の期待を背負って登場したのである。

図 11-9　環境、経済、社会を三層構造で示した木の図（環境省 HP より）

（香川雄一）

12　国土政策・地域政策

1. 国土政策と地域政策

※
開発と地域については，第11章で扱っている.

　経済の発展は様々な地域に開発の影響を及ぼす。特に工業化や都市化は，工場地帯の造成や市街地と住宅地の建設といったように，景観の劇的な変化となって現れる。未開地が広大に残されていて，自由な経済活動が奨励されていた時代には問題はそれほど大きくならなかったが，一国内においても開発の制限や立地の調整ということが課題になってくると，状態の改善のための国土政策が求められるようになる。さらに開発の結果として都市と農村，あるいは工業と農業といったように，主要な産業に関連する地域間での経済格差が顕著になってくると，国土全体のバランスを考えて，地域間の経済格差を縮減させるような，地域政策が検討されるようになった。

※
農業については第4章，工業については第5章，都市と農村については第9章と第10章で扱っている.

　先駆的な地域政策としてイギリスでは，1930年代の世界的大不況によって発生した失業問題の地域的差違による地域間格差の発生への対策が登場した。具体的には労働力の移動や衰退地域への産業誘致策，工業団地の建設，特別な地域的金融支援といった手段が試みられた。アメリカ合衆国で代表的な地域政策は，TVA（テネシー川流域開発公社）によるダム建設をはじめとした総合開発事業である。不況による失業対策としての公共事業が実施され，地域開発につながった。ドイツにおいても，第二次世界大戦後に復興政策の1つとして，全国的な空間整備政策や地域格差対策が実行された。先進国だけでなく，途上国のインドネシアにおいても，植民地期のオランダによる政策を引き継ぐように，トランスミグラシ政策として過密する都市部の人口を過疎であった農村部へと人口移動による地域政策が試みられた。地域政策の目的は地域格差の是正にあるといえよう。

※
TVAについては第11章でも触れている.

　日本においても都市計画と同様に，イギリスをはじめとした欧米の国土政策や地域政策に追従するような形で，国土計画が策定されるようになった。すでに第二次世界大戦以前の段階で，大都市を中心に産業の重化学工業化は始まっていた。戦災により，工業の生産活動はダメージを受けたが，戦後の復興とともに地方へと工業は分散して

表12-1　日本における国土計画と地域計画の策定年

制度化	国土利用計画（全国計画）	大都市圏整備計画			地方開発促進計画				
		首都圏基本計画	近畿圏基本整備計画	中部圏基本開発整備計画	東北開発促進計画	北陸地方開発促進計画	中国地方開発促進計画	四国地方開発促進計画	九州地方開発促進計画
根拠法制定	1974	1956	1963	1966	1957	1960	1960	1960	1959
第一次改訂	1976	1957	1965	1968	1958	1964	1964	1960	1959
第二次改訂	1985	1968	1971	1978	1964	1979	1979	1965	1964
第三次改訂	1996	1976	1978	1988	1979	1990	1990	1979	1979
第四次改訂	2008	1986	1988	2000	1989	1999	1999	1990	1990
第五次改訂		1999	2000		1999			1999	1999

国土交通省 HP

表 12-2 全国総合開発計画（概要）の比較

	全国総合開発計画（全総）	新全国総合開発計画（新全総）	第三次全国総合開発計画（三全総）	第四次全国総合開発計画（四全総）	21世紀の国土のグランドデザイン
閣議決定策定時の内閣	1962年10月5日 池田内閣	1969年5月30日 佐藤内閣	1977年11月4日 福田内閣	1987年6月30日 中曽根内閣	1998年3月31日 橋本内閣
背景	1　高度成長経済への移行 2　過大都市問題，所得格差の拡大 3　所得倍増計画（太平洋ベルト地帯構想）	1　高度成長経済 2　人口，産業の大都市集中 3　情報化，国際化，技術革新の進展	1　安定成長経済 2　人口，産業の地方分散の兆し 3　国土資源，エネルギー等の有限性の顕在化	1　人口，諸機能の東京一極集中 2　産業構造の急速な変化等により，地方圏での雇用問題の深刻化 3　本格的国際化の進展	1　地球時代（地球環境問題，大競争，アジア諸国との交流） 2　人口減少・高齢化時代 3　高度情報化時代
長期構想	－	－	－	－	一極一軸型から多軸型国土構造へ
目標年次	1970年	1985年	1977年からおおむね10年間	おおむね2000年	2010－2015年
基本目標	<地域間の均衡ある発展>都市の過大化による生産面・生活面の諸問題，地域による生産性の格差について，国民経済的視点からの総合的解決を図る．	<豊かな環境の創造>基本的課題を調和しつつ，高福祉世界を目ざして，人間のための豊かな環境を創造する．	<人間居住の総合的環境の整備>限られた国土資源を前提として，地域特性を生かしつつ，歴史的，伝統的文化に根ざし，人間と自然との調和のとれた安定感のある健康で文化的な人間居住の総合的環境を計画的に整備する．	<多極分散型国土の構築>安全でうるおいのある国土の上に，特色ある機能を有する多くの極が成立し，特定の地域への人口や経済機能，行政機能等諸機能の過度の集中がなく地域間，国際間で相互に補完，触発しあいながら交流している国土を形成する．	<多軸型国土構造形成の基礎づくり>多軸型の国土構造の形成を目指す「21世紀の国土のグランドデザイン」実現の基礎を築く．地域の選択と責任に基づく地域づくりの重視．
基本的課題	1　都市の過大化の防止と地域格差の是正 2　自然資源の有効利用 3　資本，労働，技術等の諸資源の適切な地域配分	1　長期にわたる人間と自然との調和，自然の恒久的保護，保全 2　開発の基礎条件整備による開発可能性の全国土への拡大均衡化 3　地域特性を活かした開発整備による国土利用の再編成と効率化 4　安全，快適，文化的環境条件の整備保全	1　居住環境の総合的整備 2　国土の保全と利用 3　経済社会の新しい変化への対応	1　定住と交流による地域の活性化 2　国際化と世界都市機能の再編成 3　安全で質の高い国土環境の整備	1　自立の促進と誇りの持てる地域の創造 2　国土の安全と暮らしの安心の確保 3　恵み豊かな自然の享受と継承 4　活力ある経済社会の構築 5　世界に開かれた国土の形成
開発方式等	<拠点開発構想>目標達成のため工業の分散を図ることが必要であり，東京等の既成大集積と関連させつつ開発拠点を配置し，交通通信施設によりこれを有機的に連絡させ相互に影響させると同時に，周辺地域の特性を生かしながら連鎖反応的に開発をすすめ，地域間の均衡ある発展を実現する．	<大規模プロジェクト構想>新幹線，高速道路等のネットワークを整備し，大規模プロジェクトを推進することにより，国土利用の偏在を是正し，過密過疎，地域格差を解消する．	<定住構想>大都市への人口と産業の集中を抑制する一方，地方を振興し，過密過疎問題に対処しながら，全国土の利用の均衡を図りつつ人間居住の総合的環境の形成を図る．	<交流ネットワーク構想>多極分散型国土を構築するため，①地域の特性を生かしつつ，創意と工夫により地域整備を推進，②基幹的交通，情報・通信体系の整備を国自らあるいは国の先導的な指針に基づき全国にわたって推進，③多様な交流の機会を国，地方，民間諸団体の連携により形成．	<参加と連携>－多様な主体の参加と地域連携による国土づくり－（4つの戦略） 1　多自然居住地域（小都市，農山漁村，中山間地域等）の創造 2　大都市のリノベーション（大都市空間の修復，更新，有効利用） 3　地域連携軸（軸上に連なる地域連携のまとまり）の展開 4　広域国際交流圏（世界的な交流機能を有する圏域）の形成
投資規模	「国民所得倍増計画」における投資額に対応	1966年から1985年：約130～170兆円	1976年から1990年：約370兆円	1986年度から2000年度：1,000兆円程度	投資総額を示さず，投資の重点化，効率化の方向を提示

国土交通省HP

※
第二次世界大戦以
後の日本の変化
を，国土計画の推
移から考えてみよ
う.

※
表 12-2 から，過
去の全国総合開発
計画について比較
してみよう.

いくようになる。そこで国土計画や地域計画の必要性が認識されるようになった。

1950 年に制定された国土総合開発法にもとづき，1962 年に第一次全国総合開発計画が策定され，それ以降も数度の改訂を経て，日本における開発計画の指針を示すようになった（表 12-1，表 12-2）。最初の計画が策定された当初は，10 年間隔での改訂が想定されていたが，高度経済成長期には予想をはるかに上回るスピードで経済が発展したため，1962 年の次に 1969 年，その次には 1977 年と第三次の全国総合開発計画までは，間隔を短縮して総合計画が策定された。第四次以降の総合開発計画が1987 年と 1998 年という間隔で策定されたということは，安定成長期に入り，あるいはバブル景気の崩壊といったように，計画更新の必要性が薄れていったようだ。

2. 全国総合開発計画と新全国総合開発計画

最初の全国総合開発計画では，復興期からの継続で，工業開発が中心となった。「拠点開発方式」と呼ばれ，すでに工業化が進んでいた京浜，中京，阪神，北九州といった太平洋ベルト地帯に加えて，開発を促進させる地域が選定された。1962 年に新産業都市建設促進法，1964 年には工業整備特別地域整備促進法が制定され，それぞれ 15 カ所と 6 カ所の地域が指定される（図 12-1）。全国の分布をみると新産業都市が北海道から九州に至る各地方に，工業整備特別地域が太平洋ベルト地帯の近隣にある。

地域格差の解消も目的としていたが，地方分散が進まなかったため，次の新全国総合開発計画では大規模な工業基地をさらに地方へと誘導しようとした。大規模工業基地開発プロジェクトの対象地とされたのが，北海道・東北北部の苫小牧東とむつ小川原，九州南部の志布志湾地域である。巨大工業地帯の建設を目指したが，計画通りには進まなかった。交通・通信ネットワークの形成のため，全国の新幹線網も計画された。

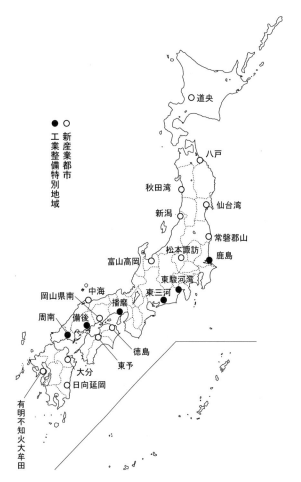

図 12-1 新産業都市と工業整備特別地域（本間 1992）

3. 第三次総合開発計画と第四次総合開発計画

オイルショックにより高度経済成長期が終了した後となる，第三次全国総合開発計画の策定に至ると，国土計画の様相が異なってくる。工業開発の影響により公害問題

が発生し，大都市での過密と地方の農山村での過疎が深刻化していたことから，居住環境の改善が目指された。そこで重視されたのが「モデル定住圏」という構想であった。

　居住環境には自然環境・生活環境・生産環境の調和が必要であるとされ，そこに若年層を中心とした人口が地方で定住できるような総合計画が立案された。定住圏としては，都市・農山村を一体とした山地・平野部・海の広がりを持つ圏域であり，地域開発の基礎的な圏域であるとともに，流域圏，通勤通学圏，広域生活圏としての生活の基本圏域が想定された。都市計画と同様に「田園都市構想」が国土政策や地域政策としても活用されている。

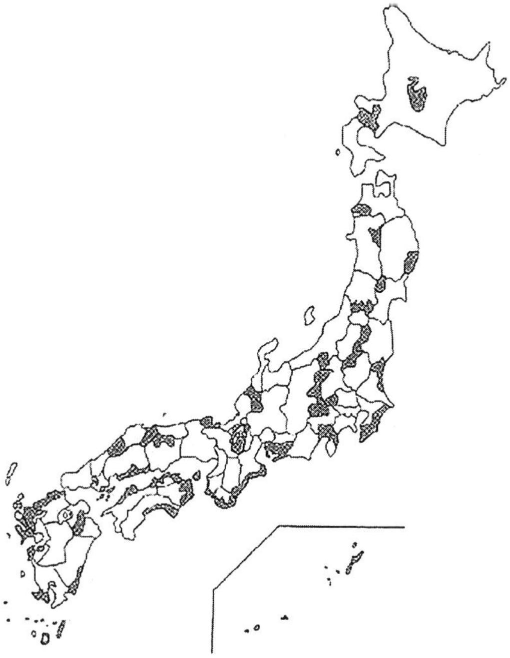

　製造業の中でも，重厚長大型の産業が生産基盤の空洞化を迎えようとしていた時期とも重なり，地方に新たな産業を誘致しようとする動きとしては，ハイテク産業と観光産業に

図 12-2　総合保養地域整備法に基づく特定地域
(国土交通省 HP)

注目が集まった。産業立地を誘導する地域指定としては，「テクノポリス」や「総合保養地域整備法に基づく特定地域」（図 12-2）が選定された。

　第四次全国総合開発計画では，東京への一極集中が問題視されていた。1980 年代後半から 1990 年代にかけては，東京の都市再開発事業が進められた時期であり，なおかつニューヨークやロンドンと並んだ世界都市として存在が注目されるようになった。「多極分散型」の国土を意識した遷都論は立ち消えとなり，東京から地方への分散というよりも，東京への再集中が進んだ。

4．全国規模での総合開発計画の限界

　正式名称としての，「第五次全国総合開発計画」はない。「第〜次」や「全国」という名称が使われていたのは，第四次までで，その次となる全国総合開発計画は「21世紀の国土のグランドデザイン」となる。その背景として，全国規模での総合開発計画が限界を迎えようとしていたことが想定できる。

　第四次総合開発計画の時から主張されていた「多極分散型国土構造」は，突き詰めていくと，多極側にあたる各地域への自立をうながすことになる。人口構成としても少子高齢化が進み，第二次世界大戦以降は人口増加などによって拡大してきた国の財政も，限界を迎えるおそれがある。すでに形成されている国土軸としての太平洋ベルト地帯に加え，「新たな国土軸」とともに，地域間が主体となるような「地域軸」さらには，それらを連動させた「地域連携軸」という発想で，国土政策と地域政策が立案されるようになった（図 12-3）。

　※
田園都市構想については第 11 章でも扱っている．

　※
高度経済成長期以降の先端産業の立地は第 5 章を，地方の観光地化は第 8 章を参照．

国土軸と地域連携軸のイメージ図

北東国土軸

日本海国土軸

青函インターブロック交流圏構想

環十和田プラネット広域交流圏構想

宮城・山形地域連携軸構想

福島・新潟地域連携軸構想

北関東・新潟地域連携軸構想

中部横断自動車道沿線連携軸構想

日本中央横断軸構想

中部縦貫地域連携軸構想

福井・滋賀・三重地域連携軸構想

T・TAT地域連携軸構想

日本海国土軸構想

九州北部地域連携軸構想

九州中央軸構想

有明海・八代海沿岸地域開発構想

九州西岸軸構想

中九州連携軸構想

岩手・秋田地域連携軸

南とうほくSUNプラン

21世紀FIT構想

西日本国土軸

関東大環状連携軸構想

三遠南信軸

東海環状軸

京滋奈三・広域交流圏

太平洋新国土軸

紀伊半島広域交流圏

西日本中央連携軸構想

瀬戸内海グランドデザイン

中四国地域連携軸構想

西瀬戸経済圏構想

東九州軸構想

南九州広域交流圏構想

南の海洋連携軸構想

(注) 上記は、国土軸及び地域連携軸構想のイメージ図であり、その範囲を厳密に示しているものではない。

図 12-3　国土軸と地域連携軸（国土交通省 HP）

　こうした発想では，初期の全国総合開発計画のような工業開発や拠点型の大規模開発プロジェクトへの代替策が提案されている。例えば，「多自然居住地域」ということで，必ずしも都市への集住を要請していない。一方で，都市再開発や製造業の空洞化を迎えて，低未利用地の再開発による「大都市のリノベーション」も講じられようとしている。新たな動きとしては，国内に留まらず隣接する海外の国や都市との「広域国際交流圏」として，人やモノの移動も盛り込まれている。これらへの取組に対して各地域の地域政策への期待が込められているのである。

5. 国土政策と地域政策の課題と将来像

　2014 年に新たな国土政策として，「国土のグランドデザイン 2050 ～対流促進型国土の形成～」が公表された。現在の課題として，急激な人口減少と少子高齢化の進展があり，阪神淡路大震災や東日本大震災を経験してきた上で，さらに南海トラフ巨大

※
地域開発による地域社会変化の変化の事例は『地誌学』で取り扱っている.

※
地域格差の解消のために，国土政策や地域政策は実施されてきたのに，地域格差が縮まらないのはなぜか.

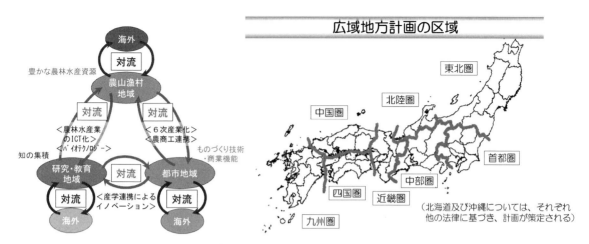

図 12-4　新たな国土形成計画（全国計画と広域地方計画）（国土交通省 HP）

地震という巨大災害への切迫感がある．地球環境問題は国内にも影響を及ぼし，資源問題として食料・水・エネルギーの制約もある．グローバリゼーションや技術革新の進展がありつつも，都市間競争の激化やインフラの老朽化による問題が生じている．

　こうした課題に対して，多様性と連携による国土・地域づくりという発想で，世界の中の日本という位置づけから，国土づくりの理念が検討されている．人と国土の新たなかかわりでは，都市部とその周辺では，内部を簡略化し外部と関係させるコンパクト＋ネットワークという方針で計画が示され，災害への粘り強くしなやかな対応が求められている．

　国土政策では，中心から地方への向きだけでなく，地方からもしくは地方間の対流という発想で各地域を結びつけつつ，地域政策として広域地方計画が区域分けされる（図 12-4）．小さな拠点と高次地方都市連合等の構築や大都市圏と大都市圏を結びつけるスーパー・メガリージョンという新たなリンクの形成も地域政策とかかわる．子どもから高齢者まで生き生きと暮らせるコミュニティの再構築のために，田舎暮らしの促進による地方への人の流れの創出や観光立国の実現による地方への配慮も必要となるだろう．依然として進展する東京一極集中からの脱却方法として，大都市圏域と地方圏域が協力しつつ，海洋・離島も視野に入れた目指すべき国土の姿が提案されている．

（香川雄一）

※
地震と津波については，『自然地理学』の第 13 章も参照．

地球環境と地域環境の課題

13 環境問題

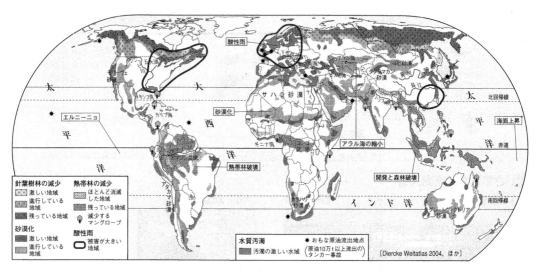

図 13-1 世界の環境問題（帝国書院 2021）（図を編集）

1. 環境問題の歴史

環境問題が「地球的な課題」であると認識されるようになってから，50年以上が経過しようとしている。大都市や工業地帯をはじめとして，身近な環境の汚染が課題となり始めてからも約200年が経過した。地球環境の問題は，人類が地球上の資源やエネルギーを枯渇させようとしているという危機感に加えて，生活環境の汚染によって居住が困難になることを不安視したことから始まっている。近年では「人新世」という歴史区分としても，人間の地球環境への負荷の歴史が注目されている。

地球環境問題には世界的な問題と局地的な問題がある（図13-1）。気候変動による地球温暖化やオゾン層の破壊，生物多様性の喪失は世界的な問題である。一方で乾燥地帯に広がり始めている砂漠化や，熱帯雨林をはじめとした森林破壊，越境汚染という形態をとるにせよ，酸性雨などは局地的な問題となる。汚染物質の排出による環境問題の発生では，発生源がある程度は特定されるため，被害は発生源に近いほど大きくなることが多い。日本は面積が狭いことに加えて，急激な工業化や都市化を達成したため，環境問題の深刻化が顕著であった。工業化，都市化などによる開発や経済の変化のなかで，自然環境の破壊を含む環境問題の歴史が各地に刻み込まれてきた。

2. 第二次世界大戦前における日本の環境問題

日本の環境問題では，高度経済成長期に起きた公害問題に注目されることが多い。しかし公害問題の発生源となった工場の多くは戦前から操業していた。また，日本における大都市への人口集中や重化学工業化は，すでに第二次世界大戦前の段階から発生していた。

※
開発の歴史は第11章，国土政策・地域政策は第12章で扱っている.

※
人新世は『自然地理学』の第15章でも扱っている.

　近代化が進められるにつれて，殖産興業などによって全国的に工業化も始まっていくことになる。工業化の初期において繊維産業と並んで，日本の重要産業だったのが鉱業である。足尾銅山周辺で発生した精錬所の操業による大気汚染問題と排出物による水質汚濁問題は日本の環境問題の原点とも称される。足尾銅山は汚染物質の排出源としてだけでなく，主要鉱山として全国有数の規模を誇る銅の一大産地としても地位を築き上げていた。

　大量の汚染物質が排出されることによる環境問題の発生は，第二次世界大戦前の段階の大都市においても確認できる。なぜならば，大規模工場はまず大都市の付近に立地する傾向があり，工場からの排煙や排水が周囲の居住者や農漁業者に悪影響を与えていた。明治末期から昭和初期にかけて，東京や大阪の臨海部，さらにはそれらの都市の近隣にあって工業都市化した川崎や尼崎において，第二次世界大戦前の段階における工場進出から公害問題が発生していた。

　戦前の日本においては，まだ環境問題を規制する法制度が十分ではなく，軍需産業として重化学工業化が進められていたこともあり，足尾をはじめとした一部の鉱山周辺や，汚染が激しかった一部の大都市を除いては，問題への取り組みが遅れた。

※
工場立地については第5章で扱っている.

※
高度経済成長期の日本では，なぜ公害問題が多発したのか考えてみよう.

3．高度経済成長期の公害問題

　環境問題が全国規模で広がっていくのは，高度経済成長期である。工業地帯は大都市周辺だけでなく，地方都市の臨海部にも形成されるようになった。開発政策としては工業によって地域経済を発展させ，大都市と地方の農村部との所得格差を解消させようとした目論見もあったのだが，場所によっては経済的利益だけでなく，公害問題の発生による生活環境の破壊ももたらせることになった（図 13-2）。

　高度経済成長期の公害問題として有名なのが，いわゆる四大公害病である。個別の公害問題の発生過程や発生源の立地を見ていくと，やや異なる特徴が見いだせる。水俣病と四日市公害は工場もしくは工場地帯の隣接地域で発生していて，工場からの排水や排出物による，水質汚濁や大気汚染が住民への健康被害をもたらせたのである。富山のイタイイタイ病と新潟水俣病は発生源と被害地が

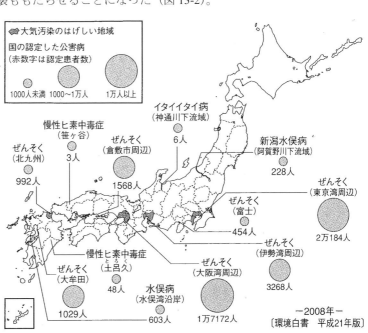

図 13-2　日本の公害問題 （帝国書院 2021）

図13-3　高度経済成長期の川崎市 (川崎市2001)

やや離れており，川の上流から流された汚染物質によって，川の中下流域で住民の健康被害が発生している。

　四大公害病以外にも公害問題は多発していた。特に公害病患者が多く発生していたのは，工場地帯に隣接する地域の住民への大気汚染による健康被害である。東京，千葉，川崎（図13-3），名古屋，大阪，尼崎，倉敷といった臨海部にある工業都市では，四大公害病と同じく，公害裁判によって問題の解決が試みられた。他にも土壌汚染による健康被害が発生しており，騒音，悪臭，振動，地盤沈下も加えた，典型七公害が全国各地で観測され，環境問題への関心が高まった。

　環境問題の多発や深刻化によって，公害国会ともいわれたように法制度が整備され，環境庁の発足をはじめとした行政における環境部門の設立などで対策が進められていった。被害は減少していくが，公害輸出や裁判の長期化もあり未解決の問題もある。

4. 水環境と生活環境問題

　環境問題への関心が全国に広まっていくにつれて，身近な生活環境への関心も高まるようになった。高度経済成長期には地方から大都市への人口移動に加えて，産業構造も農業から工業へと変容を遂げようとしていた。多くの場所が農村的集落から郊外住宅地へと景観を変えていき，人が生きるために必要な水資源への注目があつまった。

　水環境問題で代表的な住民運動が発生したのは，日本最大の湖である琵琶湖をめぐってであり，その集水域の大半を占める滋賀県においてである（図13-4）。琵琶湖には水資源として様々な機能がある。1つは「近畿地方の水がめ」といわれているように，滋賀県だけでなく，京都府や大阪府さらには兵庫県に至るまで，上水道の水源としての機能がある。渇水期には琵琶湖の水位の確保が課題となり，琵琶湖総合開発事業などによって水位の管理が実施されるようになった。川の上流から海までつなげて水資源を考えていこうとする動きは「森は海（湖）の恋人」として注目された。里山の環境保全に関心が集まるのも，水資源を涵養する機能を持つためでもある。

　水源として水質にも配慮が必要となる。滋賀県は京阪神大都市圏の郊外として，工業化や人口増加による都市化を経験した。その結果，工場排水や生活排水さらには農業排水によって琵琶湖の汚染が目立ってくる。1970年代には琵琶湖で赤潮が発生し，根本的な水環境問題の解決策が考えられるようになった。水質

※
図13-3から，公害問題の発生による地域への影響を考えてみよう。

※
環境問題は公害問題発生地だけではなく，全国で注目されるようになった。開発については第11章を参照。

※
環境問題の発生と関連する，地域社会の変容については，『地誌学』で扱っている。

透明度

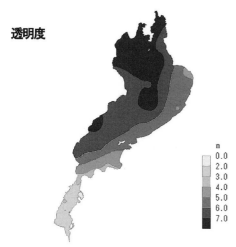

m
0.0
2.0
3.0
4.0
5.0
6.0
7.0

図13-4　琵琶湖の透明度の分布 (滋賀県HP)
原図を加工.

汚染の原因の 1 つとして，合成洗剤の使用が問題視され，湖の富栄養化を防止するために粉せっけんの普及が試みられた。いわゆる「せっけん運動」として住民運動団体などが滋賀県行政にも働きかけ，結果的に滋賀県による「富栄養化防止条例」の制定につながった。

　琵琶湖には固有種としての生物も豊富であり，生物多様性の観点からも重視され，さらには水辺景観の保護が政策的に進められるなど，環境保全活動が盛んである。

※
『自然地理学』の第 9 章では生態系サービスについて扱っている.

5．地球環境問題

　1970 年代以降に地球環境問題は世界的に主要な課題となっていく。1972 年にスウェーデンのストックホルムで国連人間環境会議が開かれた。その頃から地球の資源は有限であり，人口増加や工業開発がいつかは限界を迎えるのではないかという不安が現実的になってきた。「宇宙船地球号」というとらえ方も，人類が資源を共有しなければならない生命共同体であるということを意識づけた。

　1992 年にはブラジルのリオデジャネイロで国連環境開発会議（地球サミット）が開催される。ここでは「持続可能な発展（Sustainable development）」が地球環境問題の基本理念として紹介され，後に国際的な検討が進められていくことになる地球温暖化対策として，「気候変動枠組条約」への取り組みが始まった。地球上の気温は地球自体の活動の結果として，温暖期と寒冷期を繰り返してきていたが，産業革命以降の工業化や人口増加は明らかに人為的な温度上昇を示す証拠として問題視された（図 13-5）。

※
地球環境問題は地球温暖化などの気候変動とも結びつけられる.『自然地理学』の第 7 章も参照.

※
気候変動は人間に生活にも影響を及ぼす. 地域への影響については『地誌学』で扱っている.

　地球温暖化防止対策として，1997 年には京都議定書が締結され，先進国全体で温室効果ガスの排出量を，1990 年に比べて目標年次までに一定の割合で削減するという目標が定められた。しかし発展途上国に削減義務がなかったために，新たな枠組みの必要性が模索され，2015 年にパリ協定が締結された。地球温暖化対策はこうして歩みを進めているようにも見えるが，目標の達成基準において国による差異があることや，排出権取引による経済的な解決策により排出が続けられてしまうこと，さらには最大の排出国であるアメリカ合衆国が協定から離脱したという問題も抱えていた。

　環境問題の解決に国際的な協力が必要であるこ

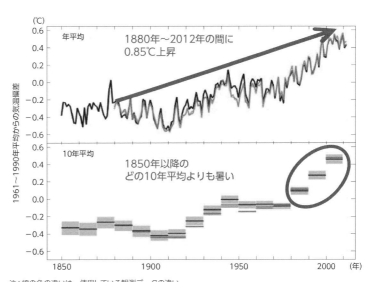

注：線の色の違いは，使用している観測データの違い。
資料：気候変動に関する政府間パネル（IPCC）「第 5 次評価報告書第 1 作業部会報告書」より環境省作成

図 13-5　世界の平均地上気温の偏差（環境省 HP）

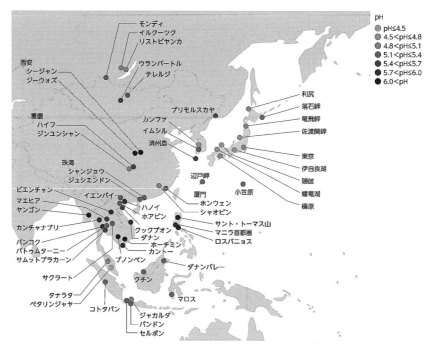

注：測定方法については、EANETにおいて実技マニュアルとして定められている方法による。なお、精度保証・精度管理は実施している。
資料：EANET『東アジア酸性雨データ報告書2018』より環境省作成

図13-6　東アジアの越境大気汚染（環境省HP）図を加工.

知床 (北海道)
Shiretoko
面積：約71,100ha　登録年:2005年

白神山地 (青森県・秋田県)
Shirakami-Sanchi
面積：約17,000ha　登録年:1993年

屋久島 (鹿児島県)
Yakushima
面積：約10,700ha　登録年:1993年

小笠原諸島 (東京都)
Ogasawara Islands
面積：約7,900ha　登録年:2011年

図13-7　日本国内の世界自然遺産（環境省HP）

とは，地球温暖化対策に限られない。酸性雨をはじめとする大気汚染は，発生源をはるかに越えて広域的な影響を及ぼす。例えば，イギリスやドイツからの汚染物質が北欧諸国へ，あるいはアメリカ合衆国北部の工業地帯からカナダへといったように，国境を越えて汚染物質は移動する。東アジアでは，経済成長が著しく，石炭を燃料源とすることの多い中国から，大陸の東部さらには海を越えて日本へと移動している恐れが指摘されている（図13-6）。SDGsをはじめとした国際的な施策は世

図 13-8　日本国内のラムサール条約湿地（2020 年時点）（環境省 HP）

界規模で進められつつあり，環境問題への解決には，多国間での取り組みを議論しなければならない理由ともなるであろう。

6. 環境政策と地域保全

　地球規模での環境問題への関心が高まる一方で，日本国内の各地域においても政策的に問題解決策が実施されようとしている。国際的にも注目されている自然環境保護に関する 2 つの事例から，環境政策と地域との関係を紹介しておきたい。まず，観光資源としても重要視されるようになってきているのが世界自然遺産である（図 13-7）。世界遺産に登録されると観光客が集まるようになる。観光地としてはよいのかもしれないが，観光客の流入や，観光産業による開発事業は結果的に自然環境に負荷を与えることになる。原生自然への価値が高まるにつれて，政策としても保護と開発の対立が発生するようになり，制度的にも調整が必要になる。同じく自然保護を目的としたラムサール条約によって登録された湿地（図 13-8）も同様の問題を抱えている。そもそもは水鳥の保護を目的とした政策であったが，近年では湿地の種類が多様化し，農政や河川行政，さらには地域住民などとも利害関係の調整が必要になってきている。

（香川雄一）

※
「気候変動枠組条約」の正式名称は「気候変動に関する国際連合枠組条約」

※
SDGs については第 11 章でも扱っている.

※
観光と地域の関係は第 8 章で扱っている.

民族と国の関係

14 世界と日本－「国家」の地理－

1. 民族の分布

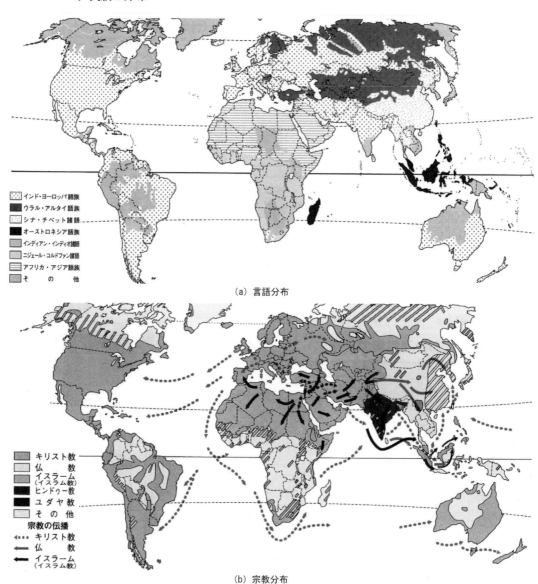

(a) 言語分布

(b) 宗教分布

図14-1 言語と宗教の分布

((『新詳資料　地理の研究』208-209頁. 原典：Diercke Weltatlas) 図を編集

　世界には多くの国があり，それぞれの民族分布によって形作られている（図14-1）。民族とは，文化で区分される集団のことをいい，おもに言語，宗教，社会慣習などがそれにあたる。もともとわれわれ人類を区分する手段としては長らく人種（race）を使用してきた。人種は生物学的な区分にもとづくもので，皮膚や髪の毛など身体的

特徴から分けられる。今日では，異なる社会集団を表すときに，人種よりも民族の区分を用いるのが一般的である。過去に人種にもとづく差別があったことや，そもそも生物学的な区分も混血が進むとあいまいになってしまうことなどがその背景にある。

　社会集団として区別する民族は歴史的にも社会的にも変化し，また民族集団そのものも他の民族との違いによって区分されるケースと，そもそも自己（アイデンティティ）から定義されるケースがある。世界の多くの国家は民族主義をもとに誕生してきたが，他方，他国との関係のなかで領域から生まれた国家もある。必ずしも国境が民族の分布と一致しておらず，例えばアフリカ諸国の多くは旧植民地だったため，上置国境とよばれる数理的な国境が多数引かれている。民族の分布と国境の違い，それは国家という政治的な領域と社会文化的な地理との相違を考えるきっかけを我々に与えてくれる。

2. 国家の歴史と現在

　国家の源流はギリシャにある。ギリシャからローマにいたる西ヨーロッパで都市国家が誕生し，その後，中世ヨーロッパでは封建制のもと，人的なつながりに基礎をおく分権化された政治システムとして近代国家の萌芽がみられた。当時のヨーロッパは，神聖ローマ帝国，カトリック教会，封建制が重層的に重なり合って，庶民からみると教会，領主，王，皇帝，都市管理者などが各々裁判権（支配権）を行使している状態であった。16世紀から17世紀にかけて絶対王政の時代になると，中世までと異なり，王が強大な権力を持って中央集権化を図っていった。王室を中心とした国家統一がイギリスやフランスを中心に成し遂げられ，国民国家の原型ができた。18世紀以降，市民革命を経て，今日にいたる国民国家 nation state が誕生し，帝国主義の台頭や植民地獲得競争，2度の世界大戦，資本主義と共産主義を両極とする国家建設理念の分極化を経て現在に至っている。

　表14-1は世界の独立国の数を示したものである。第二次世界大戦前の独立国は72カ国であり，多くがヨーロッパの国々であった。その後，アジアやアフリカで民族自決主義がおこり，次々と独立国が生まれた。特に1960年は「アフリカの年」といわれ，この年だけでアフリカで23カ国が独立した。ソ連の崩壊やユーゴスラビアの国内分離などを経て現在では197カ国を数える。

　それぞれの国家は例えば共和制や君主制，連邦制など統治の違いや，先進国，発展途上国，後発途上国など経済発展の度合いなどで分類される。経済発展の観点からいえば，かつてイマニュエル・ウォーラーステインが主張したのは，世界的な資本主義の発展は国家単位ではなく，単一の分業体制にもとづく世界システムのもとで生じているということであった。この世界システム論の見方が現代にも当てはまるかどうかは多くの議論があるが，世界システム論で提起された階層性については，例えば，先進国と途上国などの関係に反映しているとみることもできる。

表14-1　世界の独立国

独立国数	1944年	2020年
アジア	14	47
オセアニア	2	16
アフリカ	4	54
ヨーロッパ	30	45
北アメリカ	2	2
中南アフリカ	20	33
計	72	197

※　高校の地理では，人種について人類の起源に関する定説からネグロイド，コーカソイド，モンゴロイド，オーストラロイドなどで区分されている．

※　上置国境とは，既存の民族分布を考慮せずに宗主国などが人為的に設けた境界を指す．その多くは経緯度などを利用した数理国境である．特にアフリカ大陸でみられるので，数理国境がどれくらいあるか地図で確認してほしい．

※　国という枠組みとは異なり，集落や宗教共同体，近隣コミュニティなど多層な公共圏が古くから混在していた．公共を考えるうえで忘れてはいけない視点である．

　また，現代のグローバル化は国家のあり方を変えつつある。グローバリゼーション
と呼ばれる現象では，政治・経済・社会現象の連鎖や影響が国境を越えて生じるよう
になった。特に経済面では自由貿易市場が拡大し様々な貿易を通じて国の結びつきが
強まり，EUやNAFTAなど国を超えた制度によって従来の国際関係が変容しつつある。
これらの動きは空間スケールの再編成とも絡んでおり，どのような「縮尺」で国や民
族を考えたらいいか，そもそも国民国家とは何かという古くて新しい問いを惹き起こ
しているともいえる。そこには世界の中の日本，日本と世界の関係，を考え直す行為
も当然含まれる。

コラム：世界を分割する

　大航海時代の到来によってヨーロッパ人の世界認識は，大きく更新され始める．1502
年に作られた「カンティーノ図」は当時のヨーロッパの認識がよくわかる図である．ユー
ラシア大陸やアフリカ大陸の「旧大陸」に関する地理認識の濃淡も面白いが，カリブ海
の島々や南米の東海岸の一部が大きく表現されており，「新大陸」への熱いまなざしが
強くうかがえる．

　南アメリカ大陸にかかるように引かれた南北線は，1494年のトルデシリャス条約で
取り決められたスペインとポルトガルの領土分割線．大陸の全貌がわかっていない段階
から，領土問題が表面化していたわけである．この分割作業は，現在の南アメリカ大陸
の言語分布にまで影響を及ぼしている．

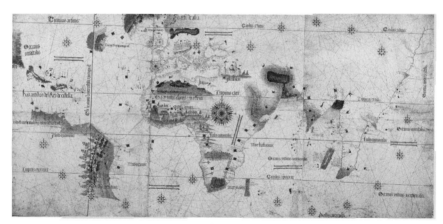

図14-2　カンティーノ図（イタリア・モデナ市・エステンセ図書館蔵）

3．想像の共同体

　近代の国民国家形成を考える上で，非常に重要な概念の1つがベネディクト・アン
ダーソンによって提唱された「想像の共同体」である。みなさんは普段，周囲の人が
自分と同じ国家に所属する国民であると確認しあう作業をしているだろうか。そんな
ことはしないだろう。「あの人も私と同じ集団に属しているのだろう」と無意識に感
じている。そうした心性が共有されることで生まれる共同体意識，それが想像の共同
体である。

　想像の共同体のポイントは，同じ言語や文字を使用して，同じ情報を受けていると
いう社会状況が大きくかかわる点である。同じ情報を同じ言語で共有できる範囲を個

※
近代国家としての
日本が形成される
際にどのような地
図が出版されてい
たのか，調べてみ
よう．

人が暗黙的に了解してとらえた共同体とでもいえるだろうか。そうした社会は近代になって生み出された。近代は印刷，出版，そしてメディアといった情報産業が大きく飛躍したが，言語や文字，そして出版業などの経済活動の空間的枠組みの規制や推進には，国家が介在していた。教育もそうした中に加えてよいだろう。国語教育をはじめとした教育がすべての人びとに提供されることによって，人びとは意思疎通をスムースに行える範囲を暗黙的に想定することになる。こうした言語・情報といった中で生成される共同体意識を強く意識した「想像の共同体」は，確かに近代的な所産である。

4．領域の内側

　こうした議論に加えて，トンチャイ・ウィニッチャクンは近代タイ国の形成を検証し，近代的な地図を作ること，それはすなわち近代国家を作ることであり，近代国家の共同体意識の形成には地理学や近代地図が重要な役割を果たしたのだと論じている。近代国家は国境線によって領域が明確となり，「内」と「外」が明示される。そうした枠組みが地図によって提供されることで，「内」側に生まれる想像の共同体は空間的な均質性の感覚をも共有できることになる。

　逆に言えば，想像の共同体は「内」側にある不均質を好まない。不均質は共同体の感覚自体を脅かすからである。そのため，こうした脅威は，ときにマイノリティとして措定された集団を抑圧・排除する方向へと働いていく。想像の共同体概念が重視する言語の例でいえば，多様な民族の暮らす国で「国語」が決められると，民族のローカルな言語は抑圧され，「国語」を話すことでしか自らの意思を発せなくなるような状況である。こうした社会のなかで疎外される集団を「サバルタン」という概念で呼ぶこともある。

　また「外」との違いを過度に強調することで「内」の安定を望むこともある。例えばエドワード・サイードの論じた「オリエンタリズム」は，西洋の東洋に対する帝国主義的で人種主義的なまなざしを批判する概念であるが，そこには他（外）と位置づけた東洋を劣等視し，自己（内）である西洋の優位性を認識しようとした権力構造を見出せるだろう。

5．世界と日本の範囲

　上述してきた民族や国家，世界システムや想像の共同体といった議論は，日本を事例としても理解することができる。地図の歴史と近代史を参照しながら眺めていこう。

　日本は世界の一部であり，日本を構成するのは北海道，本州，四国，九州などの島々であることは誰しもが理解しているだろう。では，世界はどのように描かれてきて，日本はどの範囲かということを意識して調べてみたことはあるだろうか。

　世界地図の歴史において，文明の発展とともに，世界として描かれる範囲が広がり，大航海時代以降は正確で詳細な描画が発展してきたことが，地図史の研究によって示されている。日本地図も「日本」のなかに次第に琉球や蝦夷地が含まれるようになる。こうした世界や日本への空間認識の変化は，地球儀やカレンダーの世界地図もしくは

※
マジョリティないし権力から見た驚異や「他者」ととらえられる要素の排除は，空間的なセグリゲーションとして表れることもある。セグリゲーションについては第10章で扱っている。

日本地図によって，なんとなく全体像を把握したという感覚に対して，空間を想像する地理的な新たな気付きをもたらせる。

　世界や日本はどのように確定されてきたのだろうか。そこには近代国家の成立と領土・領海などをめぐる国境の線引きや，戦争による国境の改変の歴史が背景にある。ポルトガルとスペインで世界を二分割しようとしたり，イギリスが7つの海を制した大帝国であったり，欧米諸国がいまだに海外領土としての島を領有しているのは，こうした国家としての領域の確保と喪失をめぐる歴史が存在しているからである。

　旧植民地であった諸国ではいまだに無理やり描かれた国境線によって民族問題が発生することもあるし，国境線による分断が第二次世界大戦以降の歴史や地理を規定してしまったという事実もある。世界と日本との関係は国境からも問い直される。

6. 日本の範囲はどこまでか

　現在の日本地図で描かれる範囲は，歴史的に不変のものではない。過去において，日本の範囲は変化してきたという事実がある。それが現在の様々な国際問題の発端となっていることもあるし，文化的な広がりや気候的な共通性として説明されることもある。言語としても日本語が国内の共通語であるとして，方言はどこまで同一類型の言語と認められるのだろうか。民族であっても単一民族という表現は神話に過ぎないというような評価もありうる。

　世界における国際関係の観点から日本を理解していくために，近代以降の日本として，明治維新からの日本の範囲の変化を地図で示していくとわかりやすい。日本史で習うように幕末に日本は開国する。そこには貿易や外交といった国際関係上の理由が大きかった。貿易をするにしても通貨や制度は国単位に設定されるし，大航海時代以降の探検の結果，「無住」の地の管轄が欧米諸国を中心に分断されていく。日本もそうした時代の渦に巻き込まれていった。

　明治時代以降で第二次世界大戦期に至る過程において，日本は領土を拡張していく。これも日本史のおさらいとして，日清戦争の結果による台湾の領有，日露戦争の結果による朝鮮半島への影響力の増強とその後の韓国併合，さらには満州事変や日中戦争にかけての中国への影響圏の拡大，そして第二次世界大戦の前半には一時的にとはいえ，フィリピンやインドネシアといった東南アジア諸国も軍事的な支配下に置いた。ところが第二次世界大戦の敗戦により，ユーラシア大陸からは撤退し，現在の北方領土も旧ソ連に占領された。サンフランシスコ平和条約により日本は主権を復活させるも，昨今の領土問題にみるように，北方領土だけでなく，竹島や尖閣諸島において隣国との対立を生み出している。

コラム：近代地理教科書にみえる「日本」

　近代教育の初期から地理という授業は成立していた．当初は検定制度による教科書だったが，帝国主義思想が強まるにつれ，全国均一の国定教科書による授業がなされるようになった．当然，そこには当時の「日本」像が反映している．

　例えば国定第一期『小学地理』（1904）には，日清戦争後の下関条約によって割譲された台湾が日本領となっている．また，1910年の韓国併合後の国定教科書では「日本」の面積のなかで朝鮮が3分の1を占めることがグラフで示され，本文の「国民」の記述でも，こうした外地の民族が「臣民」として扱われている．

　こうした近代期の地理教科書の国土や民族の記述は，今では歴史を学ぶための重要な資料となると同時に，グローバル社会における国家や領域の意味を理解するための不可欠な資料として利用できる．

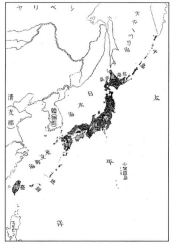

図14-3　『小学地理　一』（1904年発行）にみえる日本の領土　　図14-4　『尋常小学地理書　巻一』（1918年発行）にみえる日本の面積割合

7．国境をめぐる政治地理

　日本は海に囲まれているという認識が強いためか，日常生活において国境を意識することはほとんどないかもしれない．大陸諸国であれば，自ずと陸上に国境線が引かれることになり，山や川はともかく，道路を挟んでとか，家と家の間に国境線があることもありうる．ただし海を挟んでといっても領有権の主張はどこに国境線を引くかをめぐって対立を生じさせる．漁業資源や海底の天然資源が重視されるようになり，島の存在が領海の範囲をめぐって決定的な切り札となるからである．明治時代以降の国境線の画定をめぐる国際政治が改めて問い直されている．

　国の範囲は外交だけでなく内政にも影響する．国土計画としての全国総合開発は，高度経済成長期の日本に対して将来像を示してきた．計画の範囲を考えた場合，どこまでをカバーするかをめぐっては国境の位置づけが重視される．さらに国境をめぐる紛争は日本と隣国の間でしばらくは続きそうな気配だが，カネやモノに加えてヒトの国境を越えた移動は勢いを増している．人口減少や少子高齢化にも起因しており，かつて欧米がそうであったように外国人労働者の流入による国際化も進みつつある．

（近藤章夫・香川雄一・上杉和央）

※
国土開発については第12章で扱っている．

15　地理学と社会

1．人文地理学の射程

最後の章では，これまで学んできた内容を振り返るとともに，社会からみた人文地理学の有用性を考えてみよう。

本来，学問とは社会との対話であり，対話を通して自己を研鑽することで自らの人生を豊かにするものである。社会の対話には無数の方法がある。その1つが科学（的手法）であり，新たな事実や仕組みを発見することを至上命題としている。人文地理学も社会科学である以上，新たな知見を探索していくわけであるが，それだけで語れないところに人文地理学の面白さや奥深さがある。

人文地理学は，科学知だけでなく，人文知の領域にも特徴をもつ。人文知というのは，人文学が根差す知の在り方であり，それは常に学問の行為自体を思弁し，自らが拠って立つ思想や哲学に思いをはせる態度である。

具体例をあげよう。地理学では，地域，環境，空間，景観などのキーワードを重視する。ここで地域は具体的なイメージをともなう領域であり，それは町や村であり，市町村や都道府県などに置き換えられる。環境も同様に自然環境や社会環境などが想定されるだろう。他方，空間は抽象的である。抽象的であるからこそ，科学的手法では数字に置き換えて空間を取り扱う。数学であれば集合であり，物理学であれば次元や時間であり，経済学では距離となる。

それらに比べて，地理学における空間は多義的である。地球大のグローバルスケールから，研究対象に応じて大小様々な空間を対象にしている。例えば，人文地理学では身体空間を「body」としてとらえることがある。この身体空間（body）は単に物理的な身体（からだ）を意味するのではなく，個人の経験や感覚に基づくものであり，主観的なものであると同時に，社会や文化の規範が埋め込まれた存在でもある。このように個と社会・文化の間に位置づくものとして身体空間（body）をとらえることで，例えば社会規範や文化的慣習になじめず，不自由さを感じ，押しつぶされそうになっている人びとへの視点を見出すことができる。また，そういった視点にたつことで，改めてそれぞれ個人のもつ身体空間とは一体いかなる意味を持つのか，といった逆照射から社会や文化をみわたして，個人と世界をつなげることになるのである。

2．人文地理学の「みわたす力」と「つなげる力」

第1章でも触れたように，人文地理学は，自然地理学とともに「みわたす力」と「つなげる力」の2つの知力を培い，養うことのできる学問である（図15-1）。ある視点から空間を見渡す「みわたす力」は，どちらかというと普遍化や一般化を目指す指向性をもち，いろいろな視点をつなぎ合わせて地域や場所をとらえようとする「つなげる力」は固有や具体化を目指そうとする。このように，2つの知力は表裏の関係，もしくは車の両輪のような関係にあるが，この2つが一体となって，両者を常に行き来

※
人文地理学では実に様々な空間スケールを表す用語が出てくる。ムラ，教区，地区，街区，地帯，地域，地方，領域，場所，ロカリティなどなど。それぞれの用語がどのような文脈で使われているかを知ることは有益である。

※
社会の権力や秩序は，イデオロギー，マイノリティ，セクシュアリティ，ジェンダーなどの問題を恒常的にはらむ。人文地理学では，空間に表象（投影）される社会の権力や秩序に対して，個人の権利および尊厳と，社会的公正に意識を向けて，それらを重んじる。

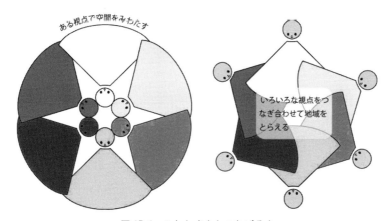

図 15-1　みわたす力とつなげる力
地理学は「みわたす力」と「つなげる力」を行き来するのが 1 つの特徴である.

する形で研究を進めるのが地理学の大きな特徴である（図 15-1）.

　本書の各章にはそれぞれテーマが設けられていたが，そのテーマを取り上げる視点 1 つ 1 つが空間を「みわたす力」となっていた．例えば第 2 章では人口を取り上げたが，人の居住や分布，移動や変化は空間でおきる様々な事象に深くかかわる．人の活動する空間の個性をみわたすことは，現代社会の基本構造の理解を大いに助けることだろう.

　あるテーマから空間をみわたして得られた知識は，別のみわたし方で得られた知識と結びつけることで，より総合的な理解に近づく．そうした「つなげる力」は 1 つ 1 つの章ではなかなか表現しにくいが，各章を相互に結び付けて学びを深めることで「つなげる力」を磨くことができる．本書では章のなかで別の章と響きあう部分がある場合は参照できるように注記し，また同シリーズ内の『自然地理学』『地誌学』にもリンクを張ることで，「みわたす力」をつなげていく手助けをした．また，特に関連の強いテーマについては，隣接する配置にして，よりスムースにつなげる力を養えるようにした．関連するテーマごとに改めてまとめておくと次のようになる.

　第 3 章から第 5 章は資源・産業がテーマで，現代社会の日常的な生活の根幹に位置づく内容である．それゆえに，大小様々なスケールで起きている課題にもかかわるものとなっている．各章を読み直すなかで，共通する課題は何か，ぜひ考えてみてほしい.

　第 6 章から第 8 章は流通・流動にかかわるテーマを集めてある．対象はモノ・ヒト・情報とそれぞれに異なるが，地理的偏在から動きが生じている点は同じである．そして，動いた結果，偏在が解消されるわけではなく，新たな偏在が生まれている点も同じである．共通点を見出せると，社会の課題解決に向けた論点も見やすくなるだろう.

　第 9 章と第 10 章は集落と都市に焦点を当てている．人間の生活舞台となる集落（村落・都市）についての基本的理解は人文地理学に不可欠であり，当然ながら人口や流通・流動にも深くかかわる．また，生活舞台であるがゆえに，様々な社会問題の現場ともなっている点を改めて確認してほしい.

　第 11 章から第 14 章は，現代世界の諸課題に連なるテーマを取り上げている．第 2 章から第 10 章までの内容をふまえた上での発展・応用編という位置づけができ，「つ

図15-2 「みわたし」「つなげ」，そして「いかす」
地理学で得られる「みわたし」「つなぐ」力は，社会の様々な場面で役立つ．

なげる力」がより必要となるテーマである。例えば開発と環境の思想は時代の中で常に変化してきたが，その変化に国家は大きな役割を果たした。ただ国家も不変ではなく，その枠組みそのものに問題をはらむ場合もある。多様なスケールでみわたし，そしてつなげることで，現在の様々な課題を適切に理解できるようになることに気づいてほしい。

3. 社会への応用

　学問を学ぶということは，必ずしも社会に役立つ知識を得ることとイコールではない。しかし，そうはいっても何かを学ぶことで社会をよりよく理解できる，もしくは学ぶことを通じて社会を良くすることにつながれば，学習意欲は高まるだろう。地理学は常に社会の歩みとともに発展してきた。そのため，地理学の応用範囲は広く，社会のあらゆる側面に地理学はかかわっている（図15-2）。ここでは紙面の制約から，技術，教育，国際協力の視点から有用性にふれたい。

(1) テクノロジーの進歩と地理学

　地理学の強みは多様な空間スケールにおいて事象を位置づけることにある。地理学では地図をツールとして使うが，地図における縮尺と事物の関係を考えるとわかりやすい。例えば，市町村の範囲の地図であれば，大縮尺となり，多くの情報が含まれる。地区の名前，家屋の形状や交差点の名称，道路の番号，公園や施設の名称などである。それが関東地方や東北地方などの地図になると，小縮尺になり，記載されるのは都市の名称と位置，主要道路や施設など，大縮尺の地図に比べると記載される情報はかなりの程度，取捨選択される。地図におけるこの取捨選択は，それぞれの描くスケールにおいて，またその地図の利用者にとって，何が重要な情報かをある基準において選ぶことである。

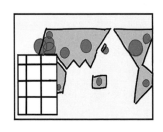

　こうした地図上で示される位置情報をともなった事物のことを地理情報という。地理情報の多くは測量によって，またフィールド調査によって得られる。近年，地理情報はデジタル化され，ICTの発展にともなって身近に利活用できるものになってきた。例えば，Google Maps などのインターネットで描画される地図サービスがあげられる。利用者の位置情報にもとづき，インターネットの地図上

で現在地が簡単に表示されるとともに，目的地や調べたい場所に関する情報にも容易にアクセスできる。このような地図サービスを支えるのは GPS と呼ばれる全球測位衛星システムであり，地球上の様々な情報を経緯度に紐づけてリアルタイムで収集できるようになったことが大きい。また，毎日ニュースで見かける天気予報は，気象衛星を用いたリモートセンシング技術によって大気の状態，気温の分布，海洋の状態などをモニタリングし，それらをシミュレーションすることによって翌日以降の天気を高い精度で予想している。

　現代の生活ではこうした地理情報を身近に接するようになってきている。社会問題，環境問題，災害などにもこうした地理情報が活用されるようになってきている。GPS，リモートセンシング，地理情報システム（GIS），デジタルマッピングなどの技術の進歩によって，社会のなかにますます地理が浸透しているともいえる。地理学を学ぶことは地理情報の背景や含意を知ることでもあり，ますます利活用が進む地理情報を社会のなかでどのように役立てていくのか，どのような基準で地理情報を取捨選択していくのかを考えるための道しるべにもなる。普段何気なく使っているインターネット地図には，たくさんの「地理学」が詰まっているのである。

(2) 地理教育の視点からみた人文地理学と社会

　大学で地理学を学ぶことは，将来においてどのように役に立つのだろうか。例えば，「地理教育」を狭義の意味でとらえると，教職科目としての地理学を学んで，教育実習に行って教員免許を取得し，教員採用試験を受けて教師になるという進路はわかりやすい事例である。高等学校で地理総合が必修科目と位置づけられるにあたって，大学で地理学を学んだ教員はこれからますます重要な役割を担うだろう。

　ただ，地理学で得られた知力を発揮できる職業は教員だけではない。地理学の授業の中ではいろいろな地域について学ぶ。身近な地域に始まり，日本の各地や世界の各国などの地誌学習によって豊富な知識を得ることができる。さらに系統的なテーマで産業，都市，環境問題，国際化なども学ぶことができる。こうした教育内容を学んでおくと，企業や NGO などで国際協力に携わる場合もあれば，県庁や市役所で公務員として地域に役立つ仕事ができる。さらに地域を学ぶために修得した地理情報や地域調査の技術は，建設業・不動産業・サービス業・小売業といった多様な職場で活用できるだろう。そしてもちろん，自然を相手にする農林水産業でも活きるのが地理学の知である。

　日本地理学会では大学生・大学院生に対して，「地域調査士」と「GIS 学術士」という資格を取得できる仕組みを作っている。まだ資格を取得できる大学の数は限られているが，こうした資格を持った人がどのように活躍しているかを知ることで，人文地理学の社会への貢献を知ることができるだろう。例えば，業種として観光業は旅行や訪問先の知識が求められる。小売業などの商業もどこでどのような商品が売れるのかというマーケティングの技術は地域分析につながる。少子化や高齢化についても地域の社会福祉の問題として，最適な

※
地理学を学んだ学生にとってどのような就職先があるのか，業種や業界を念頭に考えてみよう。

施設配置や公共サービスの公平な配分に役立つことできる。

(3) 地理学から国際協力・地域づくりへ

　地理学は地球全体の自然環境や人間活動を考えていく方向と，地域を丹念にとらえていく方向を矛盾なく学問体系のなかに取り込んできた。「Think Globally, Act Locally」という言葉をよく耳にするが，地理学ではこの言葉を以前から当たり前のように実践してきたのである。それと同時に「Think Locally, Act Globally」という姿勢もまた常に重視してきた。グローバルからローカルまで，常に様々なスケールで物事を考え，行動する。それが地理学のもつ強みの１つである。

　私たちが空間のなかで生きている以上，卒業後の進路のなかで地理学が役に立たないということなどない。例えば卒業後に商社に就職するとしよう。物やサービスを扱う商社は，その活動に必ず空間的な移動がともなう。そしてその空間スケールは地域・国・地球と多様である。そのため，商社の成長戦略においては，空間で起きている事象を読み解き，課題を見つけ，その解決方法を探ることが不可欠となる。程度の差はあれ，他の企業においても同様のことがいえるだろう。個別の企業ではなく，ジェトロ（JETRO：日本貿易振興機構）や各種産業の組合組織といった，物や人，情報の流れそのものを検討していくような部門も，空間的な思考が役に立つ分野である。

　また，国際協力に関心のある人もいるだろう。JICA（独立行政法人国際協力機構）のウェブサイト（2020年4月時点）には，「世界が抱える課題への取り組み」が掲げられている。こうした課題・取り組みは，いずれも地理学で学ぶスケール横断的な空間的発想や課題解決力——言い換えれば，「みわたす力」と「つなげる力」——を利用できるものばかりである。

　自分の住む地域に目を向け，職業として，もしくは職業とは別に，地域の活性化に取り組みたいという人もいるだろう。地理学を学んだ後で，地域づくりに携わる人は実に多い。地理学を学んで得た知見は，ある特定の地域の活性化を検討するなかで，先行事例の紹介であったり，比較検討素材の提供であったりと，いろいろな場面で役

図 15-3　SDGs の 17 のゴールが示されたロゴ・アイコン

に立てる。こうした点が，地理学出身者を地域に誘うのかもしれない。

　現在，国連フォーラムで設定された「持続的な開発目標（SDGs）」の取り組みが世界各地で進められている（図15-3）。国連で設定された17のゴールは，いずれもローカル，ナショナル，グローバルといったあらゆる空間スケールをみわたす力，また得た知見を活かすためのつなげる力が必要となる。地球社会の一員として，誰しも自分なりのSDGsを考える必要があるだろうが，そこでも地理学的思考は大きな助けとなるはずである。

※
SDGs は，第11章でも触れられている.

4．三位一体の地理学として

　本書では地理学のうち，人文地理学で扱われるテーマや内容をおもに紹介してきた。第1章で触れたように，人文地理学には経済地理学や環境地理学，歴史地理学といった多数の分野があり，それぞれの視点から世界を見渡す研究をおこなっている。それと同時に人文地理学として，分野どうしの見方をつなげて地域や場所の特性を導き出している。こうした特徴は例えば歴史学に古代史や中世史といった分野があり，それらを総合して歴史を編んでいく姿と似ている。

　ただし，地理学の1分野である人文地理学の場合，自然地理学と一対で動いてきた点に大きな特徴があり，社会科学・人文科学的な視点だけでなく，自然科学の視点もつなげることで総合的に地域の理解を深めてきた。こうした作業が，活き活きとした地誌を描き出そうという取り組みにも展開している。

　このように，人文地理学だけでなく自然地理学や地誌学の理解を深めることが，結果として地域や社会のより良い理解につながる。総合としての地理学の強みは，まさにこうした点にある。

　地理学を学ぶことは人生を豊かにする。地理学で培える「みわたす力」と「つなげる力」という2つの知力は社会で生きるために大きな糧となるものである。そのためにも，人文地理学のみならず，自然地理学・地誌学の3つを一体的に学び，その幅広いみわたし方と，地域に応じた知のつなげ方とを習得してほしい。

> **コラム：地理学の本質？**
> 　1つの寓話がある．ある学生が師である先生にこう尋ねた．「地理学とはどういう学問なんですか」と．師はこう答えた．「地理学がどういう学問かを知るにはまだ早い」と．その後，その学生は地理学とは何かを常に自問自答しながらも，卒業論文を書いた．再び師に問うた．「地理学はどういう学問なんですか」と．師はこう答えた．「それを知りたければ大学院で研究することだ」と．学生は大学院で地理学の道に進み，ついには博士号を取得するまでに至った．そして再び師に問うた．「地理学とは結局どういう学問なんですか」と．そして師はこう答えた．「君のやってきたことこそが地理学なのだ」と．
> 　この寓話は一見，禅問答のようにみえるが，地理学のもつ学問の性質を端的にあらわしている．それは体系化された知識を学ぶのではなく，それぞれの経験に裏打ちされた地理的想像力をもって自由に社会と対話することが地理学の本質であるということである．その意味で，常に地理学は社会とともに発展しており，地理学を学ぶということは自分の経験にもとづく地理的想像力を働かせて社会を学ぶことと同義なのである．

（上杉和央・香川雄一・近藤章夫）

引用文献・参考文献

〈第1章〉

泉　岳樹・松山　洋　2017.『卒論・修論のための自然地理学フィールド調査』古今書院.

上野和彦ほか　2015.『地理学概論（地理学基礎シリーズ1）』朝倉書店.

浮田典良　1984.『人文地理学総論』朝倉書店.

梶田　真ほか　2007.『地域調査ことはじめ』ナカニシヤ出版.

平　朝彦・海洋研究開発機構（JAMSTEC）　2020.『カラー図解　地球科学入門』講談社.

竹中克行　2015.『人文地理学への招待』ミネルヴァ書房.

手塚　章　1991.『地理学の古典』古今書院.

中村和郎・高橋伸夫　1988.『地理学への招待（地理学講座1）』古今書院.

西川　治　1996.『地理学概論』朝倉書店.

野間晴雄ほか　2017.『ジオ・パルNEO　地理学・地域調査便利帖［第2版］』海青社.

松尾容孝　2015. 今日の人文地理学. 専修大学人文論集96.

文部科学省　2019.『高等学校学習指導要領（平成30年告示)』東山書房.

〈第2章〉

加藤久和　2007.『人口経済学』日経文庫.

河野稠果　2000.『世界の人口』東京大学出版会.

河野稠果　2007.『人口学への招待——少子・高齢化はどこまで解明されたか』中公新書.

国立社会保障・人口問題研究所. 日本の人口ピラミッド. http://www.ipss.go.jp/（最終閲覧日：2020年12月20日）

マッシモ＝リヴィ・バッチ　2016.『人口の世界史』東洋経済新報社.

〈第3章〉

芥田知至　2009.『エネルギーを読む』日本経済新聞出版社.

佐藤　仁　2011.『「持たざる国」の資源論——持続可能な国土をめぐるもう一つの知』東京大学出版会.

柴田明夫・丸紅経済研究所編　2009.『資源を読む』日本経済新聞出版社.

外枦保大介　2018. 鉱山都市キルナ・イェリヴァレにおける産業動態と都市移転. E-journal GEO 13-2：452-462.

ジャレド・ダイヤモンド著, 倉骨　彰訳　2000.『銃・病原菌・鉄（上・下）——1万3000年にわたる人類史の謎』草思社.

飛田雅則　2021.『資源の世界地図』日本経済新聞社.

中藤康俊・松原　宏編著　2012.『現代日本の資源問題』古今書院.

〈第4章〉

荒木一視　1997. わが国の生鮮野菜輸入とフードシステム. 地理科学52-4：243-258.

ジェームズE. ウィルソン著, 坂本雄一監訳　2010.『テロワール：大地の歴史に刻まれたフランスワイン』ヴィノテーク.

香坂　玲編　2015.『農林漁業の産地ブランド戦略——地理的表示を活用した地域再生』ぎょうせい.

国際コーヒー協会（ICO）. http://www.ico.org/（最終閲覧日：2020年10月25日）

国際食料農業機関（FAO）．http://www.fao.org/home/en/（最終閲覧日：2020 年 10 月 25 日）

小長谷一之　1997．土地利用と一般チューネンモデル．理論地理学ノート 10：1-31．

水産庁．「平成 29 年度　水産白書」．https://www.jfa.maff.go.jp/j/kikaku/wpaper/29hakusyo/index.html（最終閲覧日：2020 年 12 月 23 日）

チューネン著，近藤康男・熊代幸雄訳　2013．『孤立国』日本経済評論社．

富田和暁　1996．『地域と産業』大明堂．

日比野光敏　2015．『すしのひみつ』金の星社．

Whittlesey, D. 1936. Major Agricultural Regions of the Earth. *Annals of the Association of American Geographers* 26-4: 199-240.

WWF ジャパン．インドネシア　スマトラ島の熱帯林の減少．https://www.wwf.or.jp/activities/basicinfo/42.html（最終閲覧日：2020 年 12 月 23 日）

〈第 5 章〉

小田宏信　2005．『現代日本の機械工業集積——ME 技術革新期・グローバル化期における空間動態』古今書院．

近藤章夫　2007．『立地戦略と空間的分業——エレクトロニクス企業の地理学』古今書院．

末吉健治　1999．『企業内地域間分業と農村工業化——電機・衣服工業の地方分散と農村の地域的生産体系』大明堂．

友澤和夫　1999．『工業空間の形成と構造』大明堂．

松原　宏　2003．『立地論入門』古今書院．

松原　宏　2013．『現代の立地論』古今書院．

〈第 6 章〉

荒井良雄・箸本健二編　2004．『日本の流通と都市空間』古今書院．

荒井良雄・箸本健二編　2007．『流通空間の再構築』古今書院．

榎本篤史　2017．『すごい立地戦略——街は，ビジネスチャンスの宝庫だった』PHP 新書．

川端基夫　2013．『(改訂版) 立地ウォーズ』新評論．

箸本健二　2001．『日本の流通システムと情報化——流通空間の構造変容』古今書院．

〈第 7 章〉

石　弘之　2018．『感染症の世界史』角川書店．

岡本亮輔　2015．『聖地巡礼——世界遺産からアニメの舞台まで』中央公論新社．

奥井　隆　2012．『昆布と日本人』日本経済新聞出版社．

加藤茂孝　2013．『人類と感染症の歴史』丸善出版．

神田孝治，遠藤英樹，松本健太郎編　2018．『ポケモン GO からの問い——拡張されるリアリティ』新陽社．

近藤章夫　2013．グローバリゼーションと多国籍企業の立地．松原　宏編著『現代の立地論』106-117．古今書院．

須田昌弥　2002．オフィス立地と都市システム論．松原　宏編著『立地論入門』38-56．古今書院．

東京大学航空イノベーション研究会ほか編　2012．『現代航空論——技術から産業・政策まで』東京大学出版会．

朴　倧玄　2001．『東アジアの企業・都市ネットワーク——韓日間の国際的都市システムの視点』古今書院．

JAL（日本航空）．グローバルネットワーク（ワンワールド）．https://www.jal.co.jp/oneworld/global_

100

network.html（最終閲覧日：2020 年 7 月 21 日）

UNESCO（ユネスコ）．World Heritage Center．http://whc.unesco.org/（最終閲覧日：2019 年 2 月 18 日）

〈第 8 章〉

大江　稔　2012．重要文化的景観選定地域における集落環境の持続的な保全に関する研究—滋賀県高島市針江を対象として—．滋賀県立大学環境科学部環境政策・計画学科 2011 年度卒業論文．

岡本　健　2018．『アニメ聖地巡礼の観光社会学』法律文化社．

ガーラ湯沢．コース MAP．https://gala.co.jp/winter/gelande/（最終閲覧日：2020 年 12 月 10 日）

かわばたごへい　1991．『まちづくりはノーサイド』ぎょうせい．

神田孝治　2012．『観光空間の生産と地理的想像力』ナカニシヤ出版．

金田章裕　2012．『文化的景観』日本経済新聞出版社．

小坂育子　2010．『台所を川が流れる』新評論．

関戸明子　2018．『草津温泉の社会史』青弓社．

戸所　隆　2010．『日常空間を活かした観光まちづくり』古今書院．

日本政府観光局　2021．訪日外客数・出国日本人数データ．https://www.jnto.go.jp/jpn/statistics/visitor_trends/（最終閲覧日：2021 年 4 月 2 日）

松井圭介　2013．『観光戦略としての宗教——長崎の教会群と場所の商品化』筑波大学出版会．

〈第 9 章〉

足利健亮　2012．『地図から読む歴史』講談社．

今里悟之　2006．『農山漁村の〈空間分類〉——景観の秩序を読む』京都大学学術出版会．

クリスタラー，ヴァルター著，江沢譲爾訳　1969．『立地論研究』大明堂（原著の初版は 1933 年）．

杉浦芳夫　1989．『立地と空間的行動（地理学講座 5）』古今書院．

帝国書院編集部　2020．『新詳　資料地理の研究』帝国書院．

林　上　1991．『都市の空間システムと立地——現代都市地理学 1』大明堂．

福田アジオ　1982．『日本村落の民俗的構造』弘文堂．

藤井　正・神谷浩夫編　2014．『よくわかる都市地理学』ミネルヴァ出版．

矢守一彦　1974．『都市図の歴史　日本編』講談社．

矢守一彦　1988．『城下町のかたち』筑摩書房．

UNESCO（ユネスコ）．World Heritage Center．http://whc.unesco.org/（最終閲覧日：2019 年 2 月 18 日）

WMO（世界気象機関）．World Weather Information Service．http://worldweather.wmo.int/en/home.html（最終閲覧日：2019 年 2 月 18 日）

〈第 10 章〉

国土交通省．立地適正化計画の意義と役割〜コンパクトシティ・プラス・ネットワークの推進〜．https://www.mlit.go.jp/en/toshi/city_plan/compactcity_network2.html（最終閲覧日：2021 年 8 月 29 日）

日本建築学会編　2017．『都市縮小時代の土地利用計画』学芸出版社．

ノックス／ピンチ著，川口太郎ほか訳　2013．『改訂新版　都市社会地理学』古今書院．

藤塚吉浩　2017．『ジェントリフィケーション』古今書院．

藤塚吉浩・高柳長直編　2016．『図説　日本の都市問題』古今書院．

水内俊雄・加藤政洋・大城直樹著　2008．『モダン都市の系譜』ナカニシヤ出版．

宮澤　仁編著　2005．『地域と福祉の分析法』古今書院．

矢ケ﨑典隆・高橋昂輝　2016．バージェス時代の多民族都市シカゴを記憶する移民博物館，歴史地理学
　　58-4（281）：1-22．

〈第 11 章〉

伊藤達也　2005．『水資源開発の論理』成文堂．

伊藤喜栄・藤塚吉浩編　2008．『図説　21 世紀日本の地域問題』古今書院．

織田武雄　1984．カナート研究の展望．人文地理 36-5：433-455．

梶田孝道　1988．『テクノクラシーと社会運動』東京大学出版会．

蟹江憲史　2020．『SDGs（持続可能な開発目標）』中央公論新社．

環境省　2017．環境白書・循環型社会白書・生物多様性白書　平成 29 年版．http://www.env.go.jp/policy/
　　hakusyo/h29/index.html（最終閲覧日：2020 年 12 月 12 日）

高橋勇悦編　1992．『大都市社会のリストラクチュアリング』日本評論社．

高村直助編　1994．『産業革命』吉川弘文館．

エベネザー・ハワード著，長素　連訳　1968．『明日の田園都市』鹿島出版会．

ホガート／ブラー著，岡橋秀典・澤宗則監訳　1998．『農村開発の論理　上・下』古今書院．

町村敬志　1994．『「世界都市」東京の構造転換』東京大学出版会．

TVA．Tennessee Valley Authority．http://www.tva.gov/index.htm（最終閲覧日：2020 年 7 月 15 日）

〈第 12 章〉

伊藤喜栄・藤塚吉浩編　2008．『図説　21 世紀日本の地域問題』古今書院．

国土交通省．新たな国土形成計画（全国計画）について〜本格的な人口減少社会に正面から取り組む国
　　土計画．https://www.mlit.go.jp/common/001100228.pdf（最終閲覧日：2021 年 8 月 29 日）

国土交通省．国土政策．http://www.mlit.go.jp/kokudoseisaku（最終閲覧日：2019 年 5 月 30 日）

国土交通省．総合保養地域整備法に基づく基本構想および特定地域．https://www.mlit.go.jp/
　　common/000057604.pdf（最終閲覧日：2021 年 8 月 29 日）

国土交通省．地域連携軸の展開について（図表）https://www.mlit.go.jp/singikai/kokudosin/kaikaku/jiritu/6/
　　shiryou5-2.pdf（最終閲覧日：2021 年 8 月 29 日）

下河辺　淳　1994．『戦後国土計画への証言』日本経済評論社．

辻　悟一　2001．『イギリスの地域政策』世界思想社．

本間義人　1992．『国土計画の思想――全国総合開発計画の三〇年』日本経済評論社．

矢田俊文　1996．『国土政策と地域政策――21 世紀の国土政策を模索する』大明堂．

矢田俊文　1999．『21 世紀の国土構造と国土政策――21 世紀の国土のグランドデザイン・考』大明堂．

〈第 13 章〉

飯島伸子　2000．『環境問題の社会史』有斐閣．

石　弘之　1988．『地球環境報告』岩波書店．

礒野弥生・除本理史　2006．『地域と環境政策』勁草書房．

小田康徳　2008．『公害・環境問題史を学ぶ人のために』世界思想社．

環境省　2018．『環境白書／循環型社会白書／生物多様性白書（平成 30 年版）』日経印刷．

環境省．世界平均地上気温の偏差(1850 年〜 2012 年)．http://www.env.go.jp/policy/hakusyo/h30/pdf/1_1.pdf(最
　　終閲覧日：2021 年 8 月 29 日)

環境省．EANET 地域の降水中 pH（2015 年から 2018 年の平均値）．http://www.env.go.jp/policy/hakusyo/

r02/pdf/2_4.pdf（最終閲覧日：2021 年 8 月 29 日）

環境省．日本の世界自然遺産．https://www.env.go.jp/nature/isan/worldheritage/index.html（最終閲覧日：2020 年 7 月 15 日）

環境省．ラムサール条約と条約湿地．https://www.env.go.jp/nature/ramsar/conv/index.html（最終閲覧日：2020 年 7 月 15 日）滋賀県．琵琶湖水質の平面分布．https://www.pref.shiga.lg.jp/file/attachment/5162091.pdf（最終閲覧日：2021 年 8 月 29 日）

滋賀県．琵琶湖水質の平面分布．https://www.pref.shiga.lg.jp/file/attachment/5162091.pdf（最終閲覧日：2021 年 8 月 29 日）

帝国書院　2009.『新詳　資料　地理の研究』帝国書院．

政野淳子　2013.『四大公害病——水俣病，新潟水俣病，イタイイタイ病，四日市公害』中央公論新社．

〈第 14 章〉

浅井信雄　2004.『民族世界地図』新潮文庫．

ベネディクト・アンダーソン著，白石　隆・白石さや訳　2007.『定本 想像の共同体：ナショナリズムの起源と流行』書籍工房早山．

岩下明裕編著　2006.『国境・誰がこの線を引いたのか——日本とユーラシア』北海道大学出版会．

岩下明裕編著　2010.『日本の国境・いかにこの「呪縛」を解くか』北海道大学出版会．

トンチャイ・ウィニッチャクン著，石井米雄訳　2003.『地図がつくったタイ』明石書店．

応地利明　2007.『「世界地図」の誕生』講談社現代新書．

小熊英二　1995.『単一民族神話の起源——＜日本人＞の自画像の系譜』新曜社．

小熊英二　1998.『＜日本人＞の境界——沖縄・アイヌ・台湾・朝鮮　植民地支配から復帰運動まで』新曜社．

エドワード・サイード著，今沢紀子訳　1993.『オリエンタリズム　上・下』平凡社〈平凡社ライブラリー〉．

佐伯啓思　2004.『20 世紀とは何だったのか——現代文明論（下）「西欧近代」の帰結』PHP 新書．

杉山正明　2003.『遊牧民から見た世界史——民族も国境もこえて』日経ビジネス人文庫．

ガヤトリ・C・スピヴァク著，上村忠男訳　1998.『サバルタンは語ることができるか』みすず書房．

高木彰彦　2019.　戦時下日本における国土計画と地政学．史淵 156：49-82.

田中克彦　2001.『言語からみた民族と国家』岩波現代文庫．

21 世紀研究会編　2000.『民族の世界地図』文春新書．

サミュエル・P．ハンチントン著，鈴木主税訳　2000.『文明の衝突と 21 世紀の日本』集英社新書．

宮田　律　2004.『中東　迷走の百年史』新潮新書．

ジョン・モリッシーほか編著，上杉和央ほか訳　2017.『近現代の空間を読み解く』古今書院．

山﨑孝史　2001.　グローバル時代における国民国家とナショナリズム——英語圏の研究動向から．地理学評論 74A-9：512-533.

山本雅男　1992.『ヨーロッパ「近代」の終焉』講談社現代新書．

Takeuchi, K.　2000. *Geography and Imperialism, Japanese and Western. Modern Japanese Geography: an intellectual history*: 122-140. Kokon shoin, Tokyo.

Whatmore, S.　2002. *Hybrid Geographies: natures cultures spaces*. SAGE Publications

〈第 15 章〉

伊藤修一ほか編　2012.『役に立つ地理学』古今書院．

上野和彦ほか編　2015.『地理学概論　第 2 版』朝倉書店．

竹中克行編著　2015.『人文地理学への招待』ミネルヴァ書房．

日本地理学会資格専門委員会ウェブサイト　http://ajg-certi.jp/（最終閲覧日：2020 年 12 月 23 日）

野間晴雄ほか編著　2017.『ジオ・パル NEO　第 2 版』海青社.

福田珠己　2008.「ホーム」の地理学をめぐる最近の展開とその可能性——文化地理学の視点から. 人文地理 60-5：403-422.

森　正人　2009. 言葉と物——英語圏人文地理学における文化論的転回以後の展開. 人文地理 61-1：3-22.

おわりに

　他の学問とくらべて，地理学はどのような特徴があるのだろう。本シリーズの作成に当たって，私たちは何度もこのことを話し合いました。私たちのなかには自然地理学分野の者も人文地理学分野の者もいます。それぞれの分野から見た地理学の魅力はさまざまで，特徴を挙げていったらキリがない。最初はそんな風に思うこともありましたが，でも改めて考えたとき，ある事実に気がつきました。たとえば地形や植生といった視点から研究する専門家と，経済や社会といった視点から研究する専門家とが，同じ枠組み，1つの学問分野のなかで楽しく議論できる。そんな学問，ほかにはないのです。

　地理学者が好きなのは「空間」（世界と言ったり場所と言ったり地域と言ったりと，視点やスケールによって呼び方は様々ですが，そこはひとまず置いておいて……）ですが，空間を見ようとする視点は無限大です。地形という視点から見ても，経済という視点から見ても，それぞれ面白い世界をとらえることができます。ただ，地形だけから見ると，それは地形学者とそれほど変わらないかもしれませんし，経済だけから見ると，それは経済学者の一員のようにも見えます。じゃあ，地理学者が見たらどう違うの？　それは経済の視点と地形の視点を組み合わせて空間を評価しようとしたがる点にあるように思います。つまり，空間を1つの視点で見渡すことはもちろんですが，さまざまな視点をつなげて総合的にとらえようとする姿勢です。対象とする空間や地域の特徴を知りたいと思うと，どうしても1つの見方からだけでは物足りないと感じてしまう。それが地理学者であり，それができるのが地理学なのです。

　そこで，私たちは地理学の特徴——魅力と言い換えてもいいかもしれません——は，「みわたす力」と「つなげる力」にある，と考えました。特定の視点でみわたして考える作業と，複数の視点をつなげて考える作業を，行ったり来たりしながら，空間について考える。それが地理学固有の思考方法なのだと思います。

　そうであるならば，大学で地理学を学ぶみなさん，特に初めて大学の地理学に接するようなみなさんに伝えたいのは，個別の事例についての客観的事実についての知識ではなく，むしろ地理学の特徴を支える「みわたす力」と「つなげる力」の2つだということになります。このような思いで作ったのが，本シリーズです。高等学校の地理歴史，中学校の社会科の教職免許をとるにあたっては，自然地理学，人文地理学，地誌学の単位を修得する必要がありますが，この3つの単位は個別にあるのではなく，まさにつながっています。そこで，この3つの授業に使えるようなシリーズを企図しています。

　本書は『みわたす・つなげる人文地理学』で，人文地理学分野の執筆者が主に担当しましたが，地理学全体に関わる大事な部分については『みわたす・つなげる自然地理学』を主に担当した自然地理学分野の執筆者にも加わっていただいて，「みわたし」「つなげる」作業を繰り返して作りました。合宿をしたり，フィールドワークをした

りするなかで，個々の執筆者のみわたし方を披露しあい，そしてそれをつなげていく面白さを味わいました。『みわたす・つなげる地誌学』を含めて，「みわたすつなげる地理学」シリーズの3冊は，まさに連動しています。できれば，3冊を行ったり来たりしながら，地理学のもつみわたし方，つなげ方について，学んでもらえればと思います。

　末尾となりましたが，本書を作成するにあたり，お世話になった方にお礼を申し上げます。まずは薄麻里奈さん。「みわたす」「つなげる」といった抽象的な見方の意味をくみ取り，素敵な挿絵に仕上げてくれました。次に小松陽介さん。本書の企画段階から，とても刺激的な意見をたくさんいただきました。そして鈴木憲子さん。同じく企画段階から携わり，合宿や研究会にも参加していただきながら，本書の作成を後押ししてくれました。その他，本書のアイデアに示唆や意見をくれたすべての皆さんに感謝を。

編著者一同

索　引

［執筆者紹介］

編　者
　上杉 和央（うえすぎ かずひろ）
　　京都府立大学文学部 准教授
　　1975 年香川県生まれ．京都大学大学院文学研究科修了．博士（文学）．
　　専門は，景観史および地図史．自然と人間の関係のなかで形成された景観の保存活用を支援している．
　香川 雄一（かがわ ゆういち）
　　滋賀県立大学環境科学部 教授
　　1970 年愛知県生まれ．東京大学大学院総合文化研究科修了．博士（学術）．
　　専門は，環境地理学・都市社会地理学．沿岸域の環境問題に関して，工業都市や農漁村における地
　　域社会による対応を調査・研究している．
　近藤 章夫（こんどう あきお）
　　法政大学経済学部 教授
　　1973 年三重県生まれ．東京大学大学院総合文化研究科修了．博士（学術）．
　　専門は，経済地理学・都市地域経済学．産業立地と地域経済について，分業と制度の視点から調査・
　　研究を進めている．

執筆者
　小野 映介（おの えいすけ）
　　駒澤大学文学部 教授
　　1976 年静岡県生まれ．名古屋大学大学院文学研究科修了．博士（地理学）．
　　専門は，沖積平野の地形発達史．日本各地の考古遺跡を対象として，人と自然の関係について調査・
　　研究を行っている．
　吉田 圭一郎（よしだ けいいちろう）
　　東京都立大学大学院都市環境科学研究科 教授
　　1973 年愛知県生まれ．東京都立大学大学院理学研究科修了．博士（理学）．
　　専門は，植生地理学・生物地理学．日本国内では気候変化にともなう植生帯動態について，海外で
　　はブラジルやハワイなどで人と自然のかかわりについて調査・研究を行っている．

みわたす・つなげる人文地理学

令和 3（2021）年 11 月 10 日　初版第 1 刷発行
令和 5（2023）年 4 月 10 日　第 2 刷発行
編　者　上杉和央・香川雄一・近藤章夫
発行者　株式会社 古今書院　橋本寿資
印刷所　株式会社 理想社
発行所　株式会社 古今書院
〒 113-0021　東京都文京区本駒込 5-16-3
Tel 03-5834-2874
振替 00100-8-35340
©2021　Kazuhiro Uesugi, Yuichi Kagawa and Akio Kondo
ISBN978-4-7722-8121-8　C3025
〈検印省略〉　Printed in Japan